BIBLIOTECA DE IDEAS

de Especialidades Juveniles

promoción y levantamiento de fondos

para refrescar tu ministerio

fondos

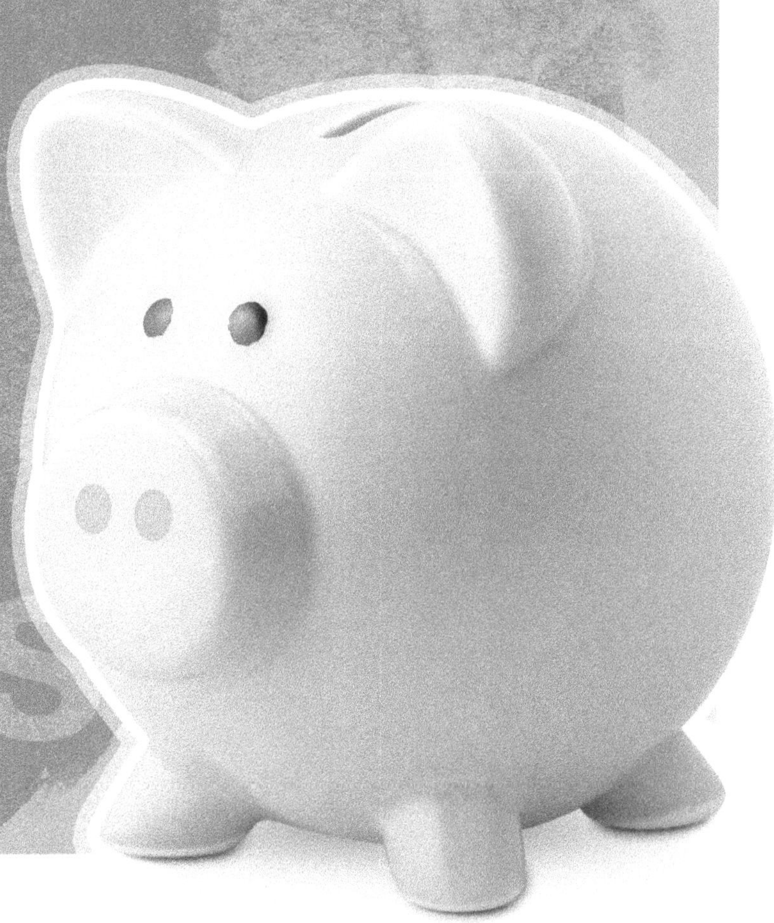

BIBLIOTECA DE IDEAS
de Especialidades Juveniles

promoción y levantamiento de fondos
para refrescar tu ministerio

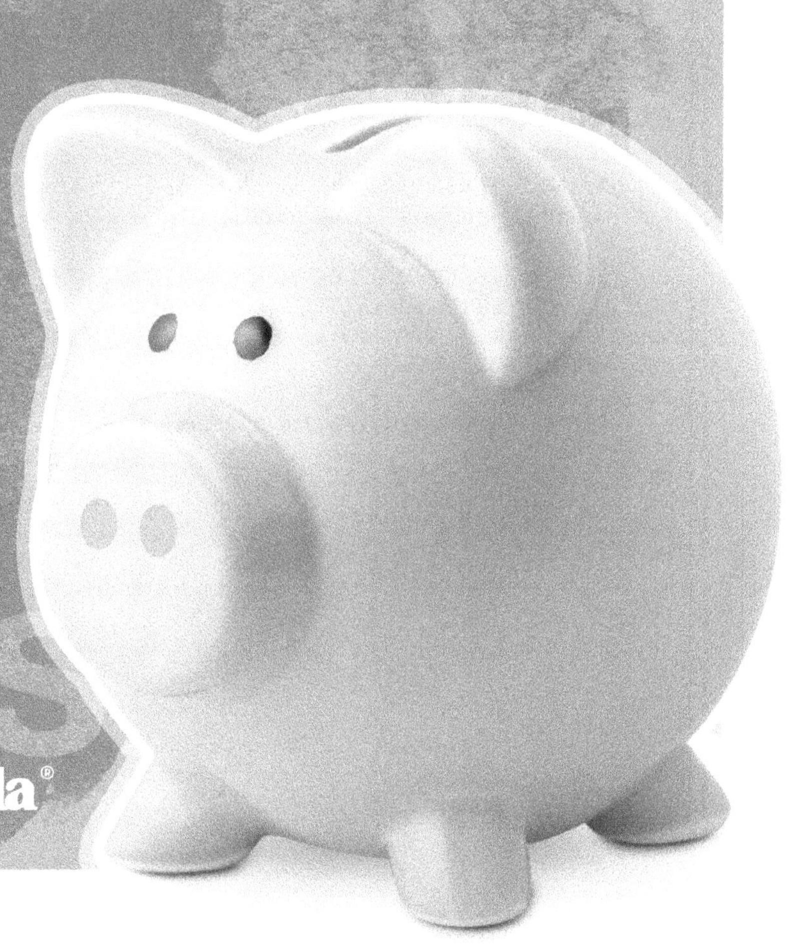

Vida®

La misión de Editorial Vida es ser la compañía líder en comunicación cristiana que satisfaga las necesidades de las personas, con recursos cuyo contenido glorifique a Jesucristo y promueva principios bíblicos.

PROMOCIÓN Y LEVANTAMIENTO DE FONDOS
Biblioteca de Ideas
Edición en español publicada por
Editorial Vida - 2010
Miami, Florida

© 2010 por Youth Specialties, Inc.

Originally published in the USA under the title:
Administration, publicity, & Fundraising for Youth Groups
Copyright © 1997 by Youth Specialties, Inc.
Published by permission of Zondervan, Grand Rapids, Michigan.
All rights reserved
Further reproduction or distribution is prohibited.

Traducción: *Eliezer Ronda Pagán*
Edición: *Madeline Díaz*
Adaptación interior: *Eugenia Chinchilla*
Adaptación cubierta: *Gus Camacho*

RESERVADOS TODOS LOS DERECHOS. A MENOS QUE SE INDIQUE LO CONTRARIO, EL TEXTO BÍBLICO SE TOMÓ DE LA SANTA BIBLIA NUEVA VERSIÓN INTERNACIONAL. © 1999 POR BÍBLICA INTERNACIONAL.

ISBN: 978-08297-5545-9

CATEGORÍA: *Ministerio cristiano/Juventud*

CONTENIDO

Lista alfabética de cada idea de este libro.... 9

ADMINISTRACIÓN

Planificación, evaluación y mantenimiento de la documentación
Tarjetas de archivos... 13
Inscripción en un afiche... 20
Fotos de computadora... 20
Lista de comprobación de eventos especiales... 21
Asociación de vídeo... 21
Encuesta de planificación anual... 21
Hoja de planificación semanal... 21
Archivo de recreación... 21
Archivo de ilustraciones... 25
Encuesta de planificación... 25
¿Cómo estamos?... 25
Evaluación de actividades 25
Compila tu propio libro del ministerio juvenil... 25
Mapa demográfico...30
Archivo de «clip art»... 30

Claves de programación
Nos encontramos en el punto... 30
Señales de buenos tiempos...30
¡Premios increíbles!... 30
Vamos a charlar... 31
¡Y aquí está Juanito!... 31
Informe ilustrado del retiro... 31
Casa de las tarjetas postales... 31
Devocional telefónico... 31
Invita a un grupo de teatro... 32
Grupos de tinta invisible... 32
Comida rápida gratis... 32
Grupos de barajas... 32
Escuela Dominical rotativa... 32
Cuentos cortos y las Escrituras... 33
Cajón de preguntas... 33

Promoción
Línea caliente del grupo juvenil... 33
Dólares del grupo juvenil...33
CD del calendario de verano... 33
Señales con globos... 34
Supercentro de registro veraniego... 34
Afiche del mes... 34

Dinámicas de grupo
Mezcladora de rompecabezas... 35
Sombreros con identificaciones... 35

Relaciones entre pastores y adolescentes
Cómo hacerle el día al pastor de jóvenes... 35
Libro de cupones del líder de jóvenes...36
Pegatinas en la guantera del auto... 36
Amistad para toda la vida... 37
Tarjetas de saludos genéricas... 37
Conociéndote... 37
Carta de oración... 37

Instalaciones
Alfombra creativa... 38
Hagamos graffiti... 38
Buzones... 38
Yak Shak... 38
Pared de tela... 38
Carteleras geniales... 38
Paredes pintadas con las manos... 38

Recursos
Intercambio de libros... 40
Esquina de los catálogos universitarios... 40
Rollos de papel de periódico... 40
Tarjetas de cortesía de la biblioteca... 40

Disciplina
Los 44 mandamientos fabulosos...40
Programa de boletos juveniles... 40
Contrato del ministerio juvenil...41
Convenio sobre las burlas... 41
El pote del insulto... 41

Otras ideas administrativas
Los 12 mandamientos del ministerio juvenil... 42
Almacenamiento de afiches... 42
Mejorando las calificaciones... 42
Tener juguetes... funciona... 42
Máquina de humo casera... 44
Solución para el pegamento... 44
Afiches colgantes... 44
En camino otra vez... 46
Limusina barata... 46

Archivo de apreciación... 46
Control de caravana... 46

PUBLICIDAD

Anuncios
Publicidad profética... 51
Y ahora los anuncios... 51
La oportunidad que se desvanece... 52
El desfile de pizza... 52
Buscando el boletín informativo... 52
Anuncios en CD...53
Competencia de anuncios... 53
Buscando el tesoro, digo, los anuncios... 53
Anuncios por medio de adivinanzas... 54
Anuncios con rompecabezas...54
Anuncios con acción... 54
Lanzamiento salvaje... 54
Tarjetas de mandamientos... 55
Cómo evadir una cita... 55
Cena teatral... 55
Mirando hacia arriba... 61

Calendarios
Publicidad a lo frisbee... 61
Calendario en un pizarrón... 61
Anuncios de guía de televisión... 61
Usando las cabezas para el calendario de verano... 62
Calendario en botellas de agua... 62
Libro de cupones del ministerio juvenil... 62
Calendario de bolsillo... 62
Anuncios locos... 62
Publicidad enlatada... 62

Volantes
¿Puedes escuchar algo caer?... 63
Tarjetas de fútbol... 63
Forros para libros... 65
Promoción de pizza... 65
Razones por las cuales... 65
Boletín de acción... 65
Folletos de tarjetas contemporáneas...65

Correo directo
Sobres publicitarios... 66
Mensajes codificados... 66
Tarjetas de llamadas... 67
Correo rompecabezas... 67
Publicidad en rompecabezas... 67

Tarjetas postales sonrientes... 67
Una carta de lejos... 67
Correo aéreo... 69
Folletos gratis... 69
Carta revuelta... 69
Eso es increíble... 70
Premios por correo... 70
«Te extrañamos»... 70
Correo en bolsas de papel... 71
Advertencia de anuncio... 71
Tarjetas postales personalizadas... 71
Una bolsa repleta de propaganda fabulosa... 76
Strike tres... ¡Estás fuera!... 76

Tableros de anuncios
La gran imagen... 76
Tablero publicitario... 76
Auspicios fotográficos... 76
Cincuenta razones para pertenecer al ministerio juvenil... 76
El boletín informativo en un árbol... 76
Planifica con tiempo... 79
Retratos esquizofrénicos... 79
Fotos originales... 79
La caja de espionaje... 79
Cajas para el tablón informativo... 79
Sacos creativos... 80

Afiches
Fotos sorpresa... 80
Afiches en colores... 80
Publicidad gigante... 80
Afiches que se reduce... 80
Anuncios dados por celebridades... 81
Afiches de cartelera... 81
Impresos en serigrafía... 81
Pregúntale a alguien que sepa... 84
Recuerdos de la lección... 85
Se busca... 85
Concurso de afiches... 85

Eventos promocionales
¡Llama y gana!... 85
Tarjetas de llamadas juveniles... 86
Tarjetas postales de bienvenida... 86
Redada de baloncesto... 86
Carteles partidarios... 86
Vídeos de premio... 87
Lotería para auspiciadores... 87
Promoción de bolsas de supermercado... 88
¿Cuántas orugas te puedes comer?... 88
Arrestos juveniles... 88
Bombardeo telefónico... 89
Directorio telefónico y dispuesto a viajar... 89
El desfile de las pantomimas... 89
Tarjetas cursi... 90

Otras ideas publicitarias
Anuncios de testimonio... 90
Cobertura periodística... 90
Boleto gigante... 91
Anuario juvenil... 91
Espaldares de autobuses... 91
Visitas a las esuelas... 91

EVENTOS PARA RECAUDAR FONDOS
Comida y diversión
Gustitos en la ventanilla del auto... 95
Diversión familiar... 95
Desayunos de rosquillas de pan... 95
La noche de las patatas... 96
Cena alternativa... 96
Le Grande Chateau... 97
Postres deliciosos... 97
Venta macho de repostería... 97
Venta de rosquillas.... 98
Bufé de ensalada después del servicio... 98
Fiesta de granola... 98
Vigilia repostera... 98
Recetas para recaudación de fondos... 98
Lavado más panqueques... 99

Manos para hacer la obra
Lavado de carritos de golf... 99
Lotería del líder de jóvenes... 99
Boleto de intercambio de roles... 99
Contrata a un superchico... 99
Alquila a un acompañante... 100
Lavado de autos a domicilio... 100
Zambullida para perros... 100
Limpieza de áreas comunales... 100
Incentivos por el lavado de autos... 101
Un trabajo limpio... 101
Inventario grupal... 101
Lavado de aviones... 101

Subastas y ventas
Cena de la fortuna... 102
Subasta de parafernalia célebre... 102
Tiempo, talento y buenas subastas... 102
Venta de repostería musical... 103
Subasta en una cena compartida... 103
Venta de dulces... 103
Feria de muestras... 103
Venta de callejón... 104
Subasta alocada... 104
Subasta chatarra... 104

Talentos en venta
Líderes de juego en venta... 104
San Valentín musical... 104
Camisetas en serigrafía... 105
Boutique de manualidades... 105

Maratón de promesas
Bolos misioneros... 105
La competencia de la mecedora... 106
Mecedoras y atrapadas al revés... 106
Competencia del servicio... 106
Partido de baloncesto a dólar... 106
Maratón de escritura... 106
Maratón de afeitadas... 107
Memorizando las Sagradas Escrituras... 107
Poda de céspedes... 107
Maratón de lavados de autos... 107
Maratón de lectura... 108
Competencia del hombre de hierro... 108
Recogida de desperdicios... 109
La caída del dominó... 113

Otras ideas de recaudación
Maratón del balón pesado... 113
Explosión literaria... 113
Subasta de camisetas antiguas... 113
Platos de ofrenda tapacubos... 113
Globos llenos de helio... 114
Torneo de golf... 114
Acciones del grupo juvenil... 114
Dinero manía... 114
Dólares por puntos... 115
Tarjetas de presentación en manteles... 115
La batalla de los sexos... 115
Club de propulsores de papel... 115
Certificados de regalo del ministerio juvenil... 116
Recaudación de fondos vendiendo «acciones»... 117
Un baile no realizado... 117
Cacería de lo mejor y lo más grande... 117
Día de radio... 118
Directorio de las páginas amarillas... 119
Reciclaje perpetuo... 119
30 piezas de plata... 119
Recaudación de fondos a la hora del té... 119
La campaña del centavo... 120
Calendario mensual de pago... 120

Refresca tu ministerio.
Encuentra nuevas ideas.

¡BIENVENIDO A LA BIBLIOTECA DE IDEAS DE ESPECIALIDADES JUVENILES!

¿Y qué es la Biblioteca de Ideas? Simplemente es la colección más completa del planeta, de las ideas prácticas de programación enfocadas en el ministerio juvenil. Los libros de colección *Ideas* marcaron el ritmo del ministerio juvenil del siglo XX. Y ahora han sido actualizados para suplir las necesidades de los grupos de jóvenes del siglo XXI... Han sido reorganizados por completo teniendo en mente a los ajetreados líderes de jóvenes que necesitan la idea perfecta, ¡y la necesitan ahora mismo!

- **Rompehielos para refrescar tu ministerio**
- **Teatro para refrescar tu ministerio**
- **Juegos para refrescar tu ministerio**
- **Reuniones creativas para refrescar tu ministerio**
- **Promoción para refrescar tu ministerio**
- **Campamentos para refrescar tu ministerio**

LISTA ALFABÉTICA DE CADA IDEA EN ESTE LIBRO

¡Llama y gana!... 85
¡Premios increíbles!... 30
¡Y aquí está Juanito!... 31
¿Cómo estamos?... 25
¿Cuántas orugas te puedes comer?... 88
¿Puedes escuchar algo caer?... 63
«Te extrañamos»... 70
30 piezas de plata... 119
Acciones del grupo juvenil... 114
Advertencia de anuncio... 71
Afiche del mes... 34
Afiches colgantes... 44
Afiches de cartelera... 81
Afiches en colores... 80
Afiches que se reducen... 80
Alfombra creativa... 38
Almacenamiento de afiches... 42
Alquila a un acompañante... 100
Amistad para toda la vida... 37
Anuario juvenil... 91
Anuncios con rompecabezas...54
Anuncios en CD...53
Anuncios dados por celebridades... 84
Anuncios con acción... 54
Anuncios de guía de televisión... 64
Anuncios de testimonio... 90
Anuncios locos... 62
Anuncios por medio de adivinanzas... 54
Archivo de «clip art»... 30
Archivo de apreciación... 46
Archivo de ilustraciones... 25
Archivo de recreación... 21
Arrestos juveniles... 88
Asociación de vídeo... 21
Auspicios fotográficos... 76
Boletín de acción... 65
Boleto de cortesía... 66
Boleto de intercambio de roles... 99
Boleto gigante... 91
Bolos misioneros... 105
Bombardeo telefónico... 89
Boutique de manualidades... 105
Bufé de ensalada después del servicio... 98
Buscando el boletín informativo... 52
Buscando el tesoro, digo, los anuncios... 53
Buzones... 38

Cacería de lo mejor y lo más grande... 117
Cajas para el tablón informativo... 79
Cajón de preguntas... 33
Calendario de bolsillo... 62
Calendario en un pizarrón... 61
Calendario en botellas de agua... 62
Calendario mensual de pago... 120
Camisetas en serigrafía... 105
Carta de oración... 37
Carta revuelta... 69
Carteleras geniales... 38
Carteles partidarios... 86
Casa de las tarjetas postales... 31
CD del calendario de verano... 33
Cena alternativa... 96
Cena de la fortuna... 102
Cena teatral... 55
Certificados de regalo del ministerio juvenil... 116
Cincuenta razones para pertenecer al ministerio juvenil... 76
Club de propulsores de papel... 115
Cobertura periodística... 90
Comida rápida gratis... 32
Cómo evadir una cita... 55
Cómo hacerle el día al pastor de jóvenes... 35
Competencia de anuncios... 53
Competencia del hombre de hierro... 108
Competencia del servicio... 105
Compila tu propio libro del ministerio juvenil... 25
Concurso de afiches... 85
Conociéndote... 37
Contrata a un superchico... 99
Contrato del ministerio juvenil...41
Control de caravana... 46
Convenio sobre las burlas... 41
Correo rompecabezas... 67
Correo aéreo... 69
Correo en bolsas de papel... 71
Cuentos cortos y las Escrituras... 33
Desayunos de rosquillas de pan... 95
Devocional telefónico... 31
Día de radio... 118
Dinero manía... 114
Directorio de las páginas amarillas... 119

Directorio telefónico y dispuesto a viajar... 89
Diversión familiar... 95
Dólares del grupo juvenil...33
Dólares por puntos... 115
El boletín informativo en un árbol... 76
El desfile de las pantomimas... 89
El desfile de pizza... 52
El pote del insulto... 41
En camino otra vez... 46
Encuesta de planificación... 25
Encuesta de planificación anual... 21
Escuela Dominical rotativa... 32
Eso es increíble... 70
Espaldares de autobuses... 91
Esquina de catálogos universitarios... 40
Evaluación de actividades 25
Explosión literaria... 113
Feria de muestras... 103
Fiesta de granola... 98
Folletos de tarjetas contemporáneas... 65
Folletos gratis... 69
Forros para libros... 65
Fotos de computadora... 20
Fotos originales... 79
Fotos sorpresa... 80
Globos llenos de helio... 114
Grupos de barajas... 32
Grupos de tinta invisible... 32
Gustitos en la ventanilla del auto... 95
Hagamos graffiti... 38
Hoja de planificación semanal... 21
Impresos en serigrafía... 81
Incentivos por el lavado de autos... 101
Informe ilustrado del retiro... 31
Inscripción en un afiche.... 20
Intercambio de libros... 40
Inventario en grupo... 102
Invita a un grupo de teatro... 32
La batalla de los sexos... 115
La caída del dominó... 113
La caja de espionaje... 79
La campaña del centavo... 120
La competencia de la mecedora...106
La gran imagen... 76
La noche de las patatas... 96
La oportunidad que se desvanece... 52

Lanzamiento salvaje... 54
Lavado de autos a domicilio... 100
Lavado de aviones... 101
Lavado de carritos de golf... 99
Lavado más panqueques... 99
Le Grande Chateau... 97
Libro de cupones del líder de jóvenes... 36
Libro de cupones del ministerio juvenil... 62
Líderes de juego en venta... 104
Limusina barata... 46
Limpieza de áreas comunales... 100
Línea caliente del grupo juvenil... 33
Lista de comprobación de eventos especiales... 21
Los 12 mandamientos del ministerio juvenil... 42
Los 44 mandamientos fabulosos... 40
Lotería del líder de jóvenes... 99
Lotería para auspiciadores... 87
Mapa demográfico... 30
Máquina de humo casera... 44
Maratón de afeitadas... 107
Maratón de escritura... 106
Maratón de lavados de autos... 107
Maratón de lectura... 108
Maratón del balón pesado... 113
Mecedoras y atrapadas al revés... 106
Mejorando las calificaciones... 42
Mensajes codificados... 66
Memorizando las Sagradas Escrituras... 107
Mezcladora de rompecabezas... 35
Mirando hacia arriba... 61
Nos encontramos en el punto... 30
Pared de tela... 38
Paredes pintadas con las manos... 38
Partido de baloncesto a dólar... 106
Pegatinas en la guantera del auto... 36
Planifica con tiempo... 79
Platos de ofrenda tapacubos... 113
Poda de céspedes... 107
Postres deliciosos... 97
Pregúntale a alguien que sepa... 84

Premios por correo... 70
Programa de boletos juveniles... 40
Promoción de bolsas de supermercado... 88
Promoción de pizza... 65
Publicidad a lo frisbee... 61
Publicidad en rompecabezas... 67
Publicidad enlatada... 62
Publicidad gigante... 80
Publicidad profética... 51
Razones por las cuales... 65
Recaudación de fondos vendiendo «acciones»... 117
Recaudación de fondos a la hora del té... 119
Recetas para recaudación de fondos... 98
Reciclaje perpetuo... 119
Recogida de desperdicios... 109
Recuerdos de lección... 85
Redada de baloncesto... 86
Retratos esquizofrénicos... 79
Rollos de papel de periódico... 40
Sacos creativos... 80
San Valentín musical... 104
Se busca... 85
Señales con globos... 34
Señales de buenos tiempos... 30
Sobrecarga de información... 13
Sobres publicitarios... 66
Solución para el pegamento... 44
Sombreros con identificaciones... 35
Strike tres...¡Estás fuera!... 76
Subasta alocada... 104
Subasta chatarra... 104
Subasta de camisetas antiguas... 113
Subasta de parafernalia célebre... 102
Subasta en una cena compartida... 103
Supercentro de registro veraniego... 34
Tablero publicitario... 76
Tarjetas cursi... 90
Tarjetas de archivos.... 13
Tarjetas de cortesía de la biblioteca... 40
Tarjetas de fútbol... 63

Tarjetas de llamadas juveniles... 86
Tarjetas de llamadas... 67
Tarjetas de mandamientos... 55
Tarjetas de presentación en manteles... 115
Tarjetas de saludos genéricas... 37
Tarjetas postales de bienvenida... 86
Tarjetas postales personalizadas... 71
Tarjetas postales sonrientes... 67
Tener juguetes... funciona... 42
Tiempo, talento y buenas subastas... 102
Torneo de golf... 114
Un baile no realizado... 117
Un trabajo limpio... 101
Una bolsa repleta de propaganda fabulosa... 76
Una carta desde lejos... 67
Usando las cabezas para el calendario de verano... 62
Vamos a charlar... 31
Venta de callejón... 104
Venta de dulces... 103
Venta de repostería musical... 103
Venta de rosquillas.... 98
Venta macho de repostería... 97
Vídeos de premio... 87
Vigilia repostera... 98
Visitas a las escuelas... 91
Y ahora los anuncios... 51
Yak Shak... 38
Zambullida para perros... 100

ADMINISTRACIÓN

ADMINISTRACIÓN

Nadie quiere hundirse en las tareas ordinarias del ministerio juvenil. Sin embargo, son muy necesarias. Aquí hay algunas ideas para ahorrar tiempo y algunas estrategias de mercado a fin de ayudarte a que seas más eficiente y organizado en lo que se relaciona con el trabajo de oficina, los expedientes y la comunicación. Encontrarás asesoría en todo. Desde crear un expediente de referencia personalizado hasta maneras de presentarle al grupo reglas que sean memorables y efectivas.

PLANIFICACIÓN, EVALUACIÓN Y MANTENIMIENTO DE LA DOCUMENTACIÓN

SOBRECARGA DE INFORMACIÓN

Es importante tener buenos expedientes de los jóvenes y los visitantes. Aquí hay algunos cuestionarios que ayudan a obtener información sobre ellos. Escoge el que mejor se ajuste a tus necesidades.

- **¡Bienvenido! ¡Nos alegra que estés aquí!**
Usa esta información de la página 14 para los visitantes que vienen a la Escuela Dominical, la reunión semanal o cualquier evento especial como una forma de hacerles saber que estás interesado en conocerlos.
- **Forma 1040T.** Este cuestionario en la página 15 es especialmente apropiado para el tiempo de pagar los impuestos.
- **Hoja de verdades divertidas.** Haz que los chicos llenen la hoja en la página 16 para tu información y tu uso en la planificación. Esto también trabaja como una forma para el registro de visitantes.
- **Cuestionario para adolescentes.** Hay una hoja que te puede ayudar con los adolescentes de la secundaria. Se titula: «¡Hola! ¡Bienvenido a los mejores años de tu vida!». Está en la página 17. Es muy divertida y la puedes usar para brindarle información a tu equipo de líderes.

- **Solicitud de admisión para el ministerio juvenil**
En las páginas 18-19 hay una forma entretenida de obtener información vital sobre los miembros de tu grupo juvenil a fin de llevar las estadísticas. Además es una gran manera de probar el sentido del humor de los jóvenes. Prepara una solicitud que parezca oficial. Haz que todos los chicos la llenen. Entrégale una a cada joven nuevo que vaya llegando.

Hay muchos más cuestionarios para desarrollar la discusión o presentar información en *Cuestionarios increíbles para el ministerio juvenil sano* de Rick Bundschuch y E. G. Von Trutzschler. Esta es una publicación de Especialidades Juveniles y Editorial Vida. Tim Laycock, Byron D. Harvey, Michael Maples, Len Cuthbert y Tony Liston

TARJETAS DE ARCHIVO

Puedes preferir guardar tus expedientes en un archivo de tarjetas. Esto es una manera provechosa de mantenerse al día y provee un buen puente entre los directores del ministerio juvenil, que cambian constantemente. Este archivo debe ser compacto pero completo. Uno de 17 x 12 centímetros puede ser suficiente. Quizás, debas mantener clasificada la siguiente información.

1. Nombre, dirección residencial, correo electrónico, número telefónico, número de fax, edad, escuela, grado y licenciatura o bachillerato (si está en la universidad).
2. Nombre de los padres, nombre de los hermanos y hermanas que conviven con él o ella y son miembros de la iglesia.

¡Bienvenido!
¡Nos alegra que estés aquí!

Esta información se usará para volverte loco con llamadas, visitas personales y será vendida a todos los correos electrónicos de spam del mundo. ¡Es broma! En realidad esta información nos permitirá conocerte mejor.

Nombre: _____
Dirección: _____
Tel: _____ Edad: _____
Escuela: _____
❏ Secundaria ❏ Preparatoria
❏ Masculino   ❏ Femenino

Cómo viniste?
❏ Bote Motorizado
❏ Nave espacial
❏ Avión
❏ En un camello
❏ Mis padres están visitando la iglesia
❏ Un amigo me invitó. Si es así, ¿quién?
_____

¿Eres parte de un grupo juvenil en otra iglesia?
❏ Si ❏ No
Si es así, ¿cuál?
_____

¿Por qué viniste?
❏ Mis padre me obligaron
❏ Obligué a mis padres a venir
❏ Me perdí de camino al cine y llegué aquí
❏ Escuché que este es un gran grupo juvenil
❏ Estoy de visita, déjame en paz

Misceláneas:
¿Quisieras ser un donante de riñón?
❏ Sí ❏ No
¿Tienes un perro que se llame Capitán?
❏ Sí ❏ No
¿Crees que este es un gran grupo juvenil?
❏ Sí ❏ No
¿Estás buscando un nuevo grupo juvenil?
❏ Sí ❏ No
¿Crees que Adán y Eva tenían ombligo?
❏ Sí ❏ No
¿Quisieras estar en nuestra lista de envío de información?
❏ Sí, definitivamente
❏ No. Muchas gracias por la oferta. Ustedes son realmente especiales, fantásticos, geniales, maravillosos, etc.
❏ Quisiera saber más del grupo juvenil. Por favor, denme una llamada

Forma 1040 t*

NOMBRE	FECHA DE NACIMIENTO	EDAD
DIRECCIÓN	CORREO ELECTRÓNICO	
CIUDAD	ESTADO	PROVINCIA
ESCUELA	GRADO	
SEGURO SOCIAL #	SERIAL #	CEREAL FAVORITO

SEGÚN TU ENTENDIMIENTO... ¿QUÉ NECESITA UNA PERSONA PARA SER CRISTIANA?	MENCIONA A TUS TRES GRUPO MUSICALES O CANTANTES FAVORITOS

¿ALGUNA VEZ TE HAS HECHO CRISTIANO?...............................SÍ..........NO
¿TE HAS BAUTIZADO?...SÍ..........NO
¿HAS OÍDO LA HISTORIA DE ROBERTO?...................................SÍ..........NO
¿TE GUSTARÍA PONERTE UN CALCETÍN EN LA NARIZ?............SÍ..........NO

TENGO TALENTOS EN LAS SIGUIENTES AREAS: MÚSICA ESCRITURA OTROS: MARIONETAS DEPORTES TEATRO DIBUJO COCINA ESTORNUDOS	NO HAGAS NADA AQUÍ
¿QUISIERAS DAR UN DONATIVO A LA CAMPAÑA DE RONALD MACDONALD? ☐ SÍ ☐ NO ☐ ¿QUÉ?	HE DISFRUTADO ESTAS ACTIVIDADES EN EL PASADO:
CERTIFICO QUE TODAS ESTAS RESPUESTAS SON BASTANTE CERCANAS A SER EXACTAS. TAL VEZ	FIRMA AQUÍ,

* T es por tonto

Está permitido fotocopiar esta página solo para ser usada en grupos de jóvenes.

Hoja de verdades divertidas
¡BIENVENIDO!

Nombre _____

Dirección _____

Ciudad _____ Código Postal ____

Escuela _____ Año _____

Red Social: _____

Correo electrónico: _____

☐ Quiero conocer más de las actividades de este grupo.
☐ Quiero saber más de sus estudios bíblicos.
☐ Vine con un amigo.
☐ Vine con mi familia.
☐ Vine por mi propia cuenta.
☐ Vine porque mis padres me obligaron a hacerlo.
☐ Vine por accidente.
☐ Trabajo en _____
☐ No tengo trabajo, pero quisiera tener uno.
☐ No tengo trabajo y espero nunca tenerlo.
☐ En la escuela, estoy involucrado en _____
☐ Asisto a la iglesia _____
    ☐ Con frecuencia
    ☐ Nunca
    ☐ De vez en cuando
☐ Voy bastante a la iglesia en _____

Me gusta:
☐ Esquí náutico
☐ Leer
☐ Teatro
☐ Básquetbol
☐ Voleibol
☐ Fútbol
☐ Ajedrez
☐ Montar patinetas
☐ Correr
☐ Comer
☐ Béisbol
☐ Frisbee
☐ Mirar al sexo opuesto
☐ Coser
☐ Pintar
☐ Manejar a lo loco
☐ Oír música
☐ Escalar
☐ Tenis
☐ Nadar
☐ Surfear
☐ Patinar
☐ Golf
☐ Escribir en las paredes del baño
☐ Leer las paredes del baño
☐ Trabajar en los carros
☐ Pasarla bien y estar tranquilo
☐ Meter el dedo en la nariz
☐ Meterles el dedo en la nariz a mis amigos
☐ Sacar diez en la escuela
☐ Escupir a la genta que saca diez
☐ Llenar cuestionarios largos

¡Hola!, ¡Bienvenido a los mejores años de tu vida!

¡Háblanos de ti!

Primero, permítenos hablarte de algo que pensamos que te gustará:

> Inserta aquí un anuncio promocional de tu próximo evento, actividad, fiesta, reunión, etc.

Bueno, ahora vamos con las preguntas. Contéstalas lo mejor que puedas.

1. Así que, ¿cuál es tu nombre? (Fácil por ahora, ¿verdad?) _____
2. Fecha de nacimiento (tal vez no te acuerdes del suceso, pero sí te sabes la fecha... estabas ahí cuando eso sucedió...) _____
3. ¿Cuántos años tenías cuando naciste? _____
4. ¿A qué grupos, equipos u organizaciones perteneces? _____
5. ¿Tienes un deporte favorito? Marca un encasillado y completa el espacio en blanco.
☐ Sí—y es _____
☐ Sí. En realidad son más de uno. Mis dos deportes favoritos son: _____
☐ No en realidad. Los deportes están bien, pero no tengo ninguno que sea mi favorito.
☐ ¿Estás bromeando? ¿Qué te ocurre? No soporto los deportes. Prefiero comer todo el tiempo parado.
6. Bien, suficiente con los deportes. ¿Alguna vez has tomado clases de música? ¿Tocas algún instrumento?
_____
7. ¿Qué has hecho en tu vida hasta ahora que consideras que ha sido el mejor momento que hayas vivido jamás (o quizás lo más cercano a eso)? _____
8. ¿Qué te haría traer a un amigo a un evento? _
_____
9. ¿Hace cuánto tiempo has estado viniendo a esta iglesia? ¿O es tu primera vez? _____

10. Dibuja un retrato de ti mismo.
11. ¿Qué es lo que más te gusta de tu retrato? _____

_____
Bien... llegó el tiempo de las preguntas religiosas (oye, después de todo, esto es una iglesia). No hay tal cosa como respuestas correctas o incorrectas... de veras. Cualquier No o Tal vez que marques es tan aceptable como los que escojas como Sí, siempre y cuando lo hagas con honestidad.
12. ¿Crees en Dios?
☐ Sí   ☐ No   ☐ Tal vez
13. ¿Cuáles de estas palabras describe mejor quién es Dios para ti?
☐ Abuelo   ☐ Padre
☐ Jefe   ☐ Maestro
☐ Policía   ☐ Revolucionario
☐ Sirviente personal
14. ¿Crees en Jesucristo?
☐ Sí   ☐ No   ☐ Tal vez
15. ¿Crees que hay un cielo y un infierno?
☐ Sí   ☐ No   ☐ Tal vez
16. Puede que no pienses mucho en esto, pero aquí va ¿Cuando mueras, ¿dónde crees que irás?_____
☐ Cielo   ☐ Infierno   ☐ Otro lugar
17. ¿Por qué? _____
_____
18. Marca el encasillado si estás de acuerdo con esta declaración:
☐ Estoy confundido con las últimas preguntas y quisiera que alguien que sepa más de este tema me las explicara cuando no haya mucha gente alrededor.
19. ¿Has tenido suficientes preguntas por el día de hoy?
☐ Sí   ☐ No   ☐ Tal vez
Gracias por llenar esta encuesta con honestidad. En realidad, esto puede ser un año GENIAL para ti. ¡Disfrutemos este tiempo!

Solicitud de admisión
¡Noche Dominical!

Para uso exclusivo de la oficina

Fecha de recepción _____

NOMBRE _____ TELÉFONO (____) _____
          Apellidos   Nombre   Inicial

DIRECCIÓN _____
        Número y Calle   Ciudad   País   Código Postal

Correo Electrónico: _____

Fecha de nacimiento: ___/___/___ Sexo ____ Seguro Social ____-___-____ Nacionalidad ____ Otro _____
               MASCULINO O FEMENINO   País

NOMBRE DE TUS PADRE O TUTORES _____

DIRECCIÓN: _____
   (Dirección si es diferente a la de arriba)   Ciudad   Estado/Provincia   Código Postal

ESCUELA _____
       Nombre de la Escuela   Año de graduación

       Ciudad

•   •   COMIENZO — FINAL   [imagen de presidente] _____

Dibuja una línea que conecte los puntos.   Por favor, encuentra el lugar en el laberinto.   Identifica a este presidente y escribe su nombre en el espacio en blanco

ESTATUS DE ADMISIÓN DESEADO (ESCOGE UNO POR COLUMNA)

1 ❑ Raro   2 ❑ Anormal   3 ❑ Bien   4 ❑ Estupendo
  ❑ Diferente   ❑ Obseno   ❑ Normal   ❑ Héroe
  ❑ Anormal

TAREAS DESEADAS _____

ACTIVIDADES EN LAS CUALES TE GUSTARÍA PARTICIPAR (CIRCULA EL NÚMERO DEBAJO)

1. Capitán del equipo
2. Succionar huevos
3. Sacrificios humanos
4. Saludos
5. Artista
6. Hacer llamadas
7. Cocinar
8. Comer espinacas
9. Devocionales
10. Dirigir a un grupo de oración
11. Otro: _____

RECONOCIMIENTO ESPECIAL (honores, premios, cartas, heridas de guerra, etc.) _____

_____

IGLESIA _____
      Nombre   Ciudad   Estado/Provincia

Denominación _____ Pastor _____

(Por favor, contesta las preguntas en la parte de atrás de este documento y firmalo.)

Solicitud de admisión—2

1. ¿Cómo te enteraste de Noche Dominical?

2. ¿Qué te influenció a hacer una solicitud de admisión?

3. ¿Has estado fuera por un tiempo? Por favor describe qué has estado haciendo.

4. Háblanos de ti. (Intereses, metas, educación, pasatiempos y otras experiencias que hayan contribuido a que seas la persona que eres hoy).

_____
Firma   Fecha

Cuando hayas terminado de llenar la solicitud, sigue uno de los siguientes pasos:
1. Da una vuelta y lame la mejilla de la persona más cercana a ti.
2. Muérdele el rabo a tu gato. Si no tienes gato, o si él no tiene rabo, muerde a tu mejor amigo.
3. Devuélvele esta solicitud tonta a un líder, mira hacia arriba y coméntale: «Esto fue muy tonto».

3. Una foto deberá ser incluida si es posible. Organiza un día de fotos y toma una de cada chico en el grupo. Sin embargo, cualquier fotografía será buena.

4. Medicaciones, pasatiempos, intereses, novio o novia, automóvil, talentos y peculiaridades.

5. En la parte de atrás se puede mantener una actualización de la información. Cuando el joven haga un comentario significativo, tome una decisión por Cristo y/o participe de una forma especial, inclúyelo en la tarjeta.

6. Es importante que este expediente se mantenga lo más actualizado posible. Esto ayudará a poder interactuar de un modo más personal, deliberado y con un mayor nivel de responsabilidad.

•Tarjeta de registro del grupo juvenil.

Una de las maneras más efectivas de edificar la imagen de un grupo juvenil es creando una identidad propia utilizando una tarjeta de registro similar a la que presentamos debajo. En cada reunión semanal (preferiblemente una reunión que sea de alcance) podemos darle una tarjeta a cada chico que entra por la puerta, ya sea que estén de visita o que asistan con regularidad. Cuando todos hayan llenado la tarjeta, los visitantes no se sentirán presionados o atrapados. Al cierre de la reunión, todas las tarjetas serán entregadas en la puerta y depositadas en una caja.

Una buena tarjeta de registro debe evitar verse demasiado «religiosa» o como aquella que se usa de forma habitual en los servicios regulares de la iglesia. La terminología de iglesia (como membresía, bautismo, salvación, etc.) también debe ser obviada. Una tarjeta de registro ideal debe incluir lo siguiente:

1. Un lugar para la marca registrada o el logo del grupo.

2. Un espacio en blanco que se pueda emplear para cualquier cosa. Cada semana lo puedes utilizar de una manera diferente. Por ejemplo: puedes hacer que los chicos dibujen al pastor en él, que escriban mensajes, o realizar un concurso y que los adolescentes puedan responder allí cuántos frijoles caben en un envase, etc. Esto permite que la tarjeta no se vuelva monótona y que los chicos la esperen con curiosidad.

3. Un espacio para que los chicos puedan expresar un deseo: como ser incluidos en la lista de correo regular, hacerse miembros, tener una cita contigo, etc. Las palabras deben ser casuales y directas.

4. El nombre, la dirección y el famoso «Si es tu primera vez, llena lo siguiente» debajo del la línea del nombre para ahorrarles un poco de tiempo a los que asisten regularmente al grupo.

INSCRIPCIÓN EN UN AFICHE

Tener una idea de quiénes asistieron en un evento amplio puede ser difícil con un grupo juvenil grande. Confecciona un afiche especial y adjúntale un bolígrafo atado al extremo de un cordón. Anima a los chicos a que escriban su nombre. Solicítales a los visitantes que escriban el nombre de la persona con la que asistieron junto a su nombre. Esto te dará la oportunidad de ponerte en contacto luego. Cuando la actividad termine, el afiche se puede utilizar para decorar el salón de los jóvenes. *David Rasmussen*

FOTOS DE COMPUTADORA

Las fotografías pueden ser almacenadas fácilmente en un disco compacto o un dispositivo de memoria USB para luego ser utilizadas en boletines, tarjetas de oración para las familias de la iglesia, o el propio directorio del grupo juvenil. La forma menos costosa y eficiente de hacer esto es sacar un día en la agenda del grupo y tomarle una foto a cada uno de los jóvenes. Los chicos que se ausenten ese día pueden enviar una foto de ellos para que sea almacenada con las demás y utilizada por el grupo juvenil.

LISTA DE COMPROBACIÓN DE EVENTOS ESPECIALES

Una lista de comprobación (ver la página 22) te puede salvar de muchos dolores de cabeza cuando planifiques el próximo evento especial. Esto minimizará pequeñas sorpresas cuando sea el tiempo de hacer la actividad... como que alguien olvidó traer las gaseosas, los boletos no estaban a tiempo, a nadie se le asignó traer el cambio, etc. *Larry Prahl*

ASOCIACIÓN DE VÍDEO

¿Te acabas de encontrar con un grupo grande de jóvenes y tienes problemas para recordar los nombres? Lleva papel, algo para escribir, cinta adhesiva y una cámara de vídeo a la próxima reunión de jóvenes. Durante el tiempo de compartir, arregla con los chicos que escriban sus nombres y el de su escuela en un papel y que se lo peguen con la cinta adhesiva al frente de sus camisetas. Luego camina alrededor de ellos con la cámara de vídeo y grábalos. La próxima vez que quieras refrescar tu memoria y conectar los nombres con las caras, utiliza el vídeo. Además, te servirá para tener un tiempo de entretenimiento durante alguna fiesta el próximo año. *Jerry Meadows*

ENCUESTA DE PLANIFICACIÓN ANUAL

Las encuestas pueden ser muy útiles para determinar las necesidades de un grupo y evaluar tu propio ministerio. La encuesta de las páginas 23 y 24 te ayuda en cuatro áreas diferentes: entendimiento de doctrina (preguntas 1-9), autoconcepto (preguntas 10-19), el grupo juvenil (preguntas 20-30) y el crecimiento espiritual personal (preguntas 31-39). Permite que los chicos sepan que no quieres sus nombres, sino solo sus respuestas honestas.
Entrégale la encuesta a tu grupo al comienzo del año y refiérete a ella en el transcurso de tu planificación. Al inicio del próximo año dásela de nuevo a los chicos para ver cómo el grupo ha mejorado y dónde debes poner más énfasis. *Ben Sharpton*

HOJA DE PLANIFICACIÓN SEMANAL

Si tienes problemas a la hora de organizarte cada semana para tus reuniones del grupo juvenil y las actividades, crea una hoja de planificación semanal (ver el ejemplo). Te ayudará a pensar en lo que necesitas hacer. Prepárala en tu computadora personal si te es posible. Entrégales copias detalladas a cada consejero, el pastor, los líderes de tu equipo y otros. Crea tu propia hoja que se corresponda con las necesidades de tu programa. *Bill Hughes*

Hoja de planificación del ministerio juvenil

Nombre del evento: _____
Fecha: _____ Tiempo de duración: _____
Metas: _____
_____
Comida preparada por: _____
Teléfono: _____
Anuncios: _____
_____
Actividad: _____
  1. Materiales necesitados: _____
  2. Costos: _____
  3. Transportación: _____

       Teléfono: _____
Canciones: _____
Escritura para el estudio: _____
Título: _____
Propósito: _____
Expresiones de adoración para el cierre: _____

Bosquejo de la lección: _____

Actividades alternas de respaldo: _____
  1. Materiales necesitados: _____
  2. Costo: _____
Para hacer la próxima semana: _____
Visitar o llamar a estas personas: _____
Peticiones de oración: _____
_____
Reacciones de los chicos a la reunión: _____
Ideas futuras: _____

Evaluación de la noche
1 2 3 4 5 6 7 8 9 10
Lamentable   Excelente

ARCHIVO DE RECREACIÓN

Un archivo sencillo de tarjetas organizadas alfabéticamente ayudará a un líder juvenil muy ocupado a mantener el

LISTA DE COMPROBACIÓN DE EVENTOS ESPECIALES

¿Qué está pasando? _____
_____
_____

Fecha: _____
Tiempo de duración _____
Fecha alternativa _____
Lugar _____
_____
Preparativos especiales _____
_____
Instrumentos especiales _____
¿Para qué es la actividad? _____
Asistencia estimada _____
¿Los chicos pueden traer amigos? _____
El precio _____ por cada _____
¿A quién? _____
¿A dónde va la ganancia? _____
Hoja de registro o permiso de los padres
_____
¿Quién lo preparará? _____

¿Hay un límite de personas que se pueden registrar? _____ Si es así.... ¿cuántas? _____
¿Quién es responsable de contactar a los invitados?
_____
¿Vídeos? _____
¿Para qué fecha? _____
(T) Teléfono (C) Carta (TP) Tarjeta postal (B) Boletín (E) E-mail (FB) Facebook (O) Otro, especifica _____
¿Para qué fecha deben estar entregados los permisos junto con el dinero? _____
¿Entregados a quién? _____
El cheque es a nombre de _____
Números de emergencia _____
Lo que se publicará _____
¿Hay un precio especial para los que se registran temprano? _____ ¿Para qué fecha? _____
¿Cuánto? _____ ¿Reembolso? _____
¿Algunas reglas o especificaciones especiales? ___

¿Cuáles? _____
¿Se necesita transportación? _____
_____
¿Costo? _____ ¿Quién paga? _____
¿Persona encargada? _____
¿Se necesita alojamiento? _____
¿Costo? _____ ¿Quién paga? _____
¿Persona encargada? _____
¿Se necesita comida? _____
_____
¿Costo? _____ ¿Quién paga? _____
¿Persona encargada? _____
¿Compras necesarias por hacer? _____
_____
¿Quién las hará? _____ ¿Para qué fecha? ___
Equipo especial que los participantes deben traer _
_____
¿Limpieza? _____ ¿Persona encargada? _____

¿Deben los participantes traer dinero extra? _____
Cantidad? _____
¿Aspectos espirituales? _____
_____
_____

¿Persona encargada? _____
¿Se necesitan otros adultos como acompañantes?
Si es así... ¿cuántos? _____
¿Quiénes los buscarán? _____
¿Cuándo? _____
¿Deben ser algún adulto notificado de forma oficial? _
Si es así... ¿quién? _____
Posición _____

¿Quién le notificará? _____
Fecha _____
¿Se necesitan llenar documentos especiales? ____
Si es así... ¿cuáles? _____

¿Quién los llenará? _____
¿Fecha? _____

Encuesta de planificación anual

	Ese soy yo	No estoy seguro	Ese no soy yo
1. He aceptado a Jesucristo como mi Salvador personal.			
2. Creo que la única manera en que una persona puede ser feliz es conociendo a Cristo.			
3. Creo que las oraciones son contestadas.			
4. Creo que es importante que los cristianos le testifiquen a otros.			
5. Sé cuales son mis dones espirituales.			
6. Creo que la Biblia es la Palabra de Dios.			
7. Muchas veces dudo de la existencia de Dios.			
8. Creo que Jesús fue un gran hombre y eso es todo.			
9. Creo en la vida después de la muerte, incluyendo de manera literal que hay un cielo y un infierno.			
10. Estoy satisfecho conmigo mismo.			
11. Tengo algunos malos hábitos de los cuales me debo deshacer.			
12. Tiendo a ser una persona solitaria.			
13. Las personas vienen a mí para que les dé consejos.			
14. Soy considerado popular por mucha gente.			
15. Quisiera sentir más respeto por mí mismo.			
16. Tengo buenas calificaciones en la escuela.			
17. Me gusta ver y participar en los deportes.			
18. Siento que nadie me conoce en verdad.			
19. Mi familia es bien importante para mí.			
20. El grupo juvenil de la iglesia tiene una alta prioridad en mi vida.			
21. El grupo juvenil cumple con muchas de mis necesidades.			
22. Algunos de los otros miembros del grupo juvenil son mis amigos más cercanos.			
23. Pienso que el grupo está orientado mucho a las camarillas.			
24. Me siento rechazado por el grupo juvenil con mucha frecuencia.			
25. Pienso que el grupo necesita mucha mejoría.			
26. Me gustaría tener más diversión y recreación en el grupo juvenil.			
27. Asisto mayormente al grupo juvenil porque mis amigos me hacen venir.			
28. Me gustaría traer amigos al grupo juvenil.			
29. Nuestro grupo juvenil tiene buenos líderes.			
30. Las discusiones y actividades del grupo juvenil influencian mucho mi vida.			
31. Le he testificado al menos a una persona en el último mes.			

Encuesta de planificación anual—2

	Ese soy yo	No estoy seguro	Ese no soy yo

32. Soy bastante egoísta y no me preocupo mucho por los demás.
33. Me gusta reunirme con otros cristianos.
34. Disfruto de la adoración en la iglesia.
35. Separo un tiempo personal con regularidad para mis devociones personales (lectura de la Biblia, oración o meditación).
36. Me gusta orar con otros cristianos.
37. Siento que debo crecer más en mi fe.
38. He dirigido a otros a Cristo en mi vida.
39. Estoy muy feliz con mi participación en la iglesia.
40. Para mí, la vida cristiana es casi imposible la mayor parte del tiempo.

Fortalezas de nuestro grupo juvenil: _____

_____

Debilidades de nuestro grupo juvenil: _____

_____

_____

Por favor, marca las cinco actividades que quisieras que nuestro grupo juvenil llevara a cabo en un futuro cercano:

____ Fiesta en la playa
____ Noche de películas
____ Gira para acampar
____ Baile
____ Dar un paseo en una carroza
____ Ir a un juego deportivo
____ Ir a un parque de diversiones, etc.
____ Viaje en esquí acuático
____ Quedarnos a dormir en la iglesia
____ Jugar bolos
____ Carrera en patines
____ Cena progresiva
____ Montar bicicleta
____ Visita a diferentes universidades
____ Retiro de fin de semana

____ Campamento de verano
____ Semana de jóvenes
____ Adoración dirigida por los jóvenes
____ Hacer una obra
____ Tener un concierto cristiano
____ Ir a un concierto
____ Proyecto de servicio comunitario de algún tipo
____ Tener una actividad para recaudar fondos
____ Tener un campamento de trabajo
____ Hacer una búsqueda del tesoro con los autos
____ Otro:

rastro de la gente, los lugares, las ideas, las fuentes, etc. Los siguientes son sólo unos pocos de los posibles encabezados de tu archivo. *William L. Chane*

- Actividades bajo techo
- Actividades de recaudación
- Actividades exteriores
- Agencias – Ministeriales
- Agencias – Trabajo social
- Banquetes
- Comunicaciones
- Centros de conferencias
- Consejería
- Consejeros – Chaperones
- Creativos
- Deportes
- Desarrollo
- Devocionales
- Drama
- Equipo de acampar
- Equipo para juegos
- Eventos especiales
- Excursiones
- Ideas
- Ideas para fiestas
- Liderazgo
- Lugares de campamentos
- Lugares de reunión
- Manualidades
- Materiales y planes de estudio
- Ministerio universitario
- Misiones y evangelización
- Multimedia
- Música o grupos de música
- Oradores
- Organizaciones juveniles
- Películas
- Premios
- Proyectos de servicio
- Publicaciones
- Publicidad
- Retiros y reuniones
- Rompehielos de asistencia
- Universidades

ARCHIVO DE ILUSTRACIONES

Te has encontrado buscando y rebuscando en tus notas viejas, libros y otros lugares tratando de encontrar esa ilustración tan genial que utilizaste el pasado año. Un remedio para esto es que comiences un archivo de ilustraciones utilizando tarjetas índice o en una computadora si la tienes. Cuando encuentres una gran ilustración en un libro, artículo, manual, sermón, cinta o a partir de tu propia experiencia, escríbela y archívala para un uso futuro. La próxima vez que tengas que hablarle a un grupo de jóvenes o preparar una lección, tendrás material suficiente para usar. *Robert Crosby*

ENCUESTA DE PLANIFICACIÓN

Utilizar una encuesta como la de la página 26 al principio del año escolar puede ayudar a planificar programas y actividades. No solamente tendrás una idea de los gustos y las necesidades de los jóvenes, sino les darás un sentido de participación en la planificación de las cosas que se hagan. Simplemente, imprime las encuestas, pásalas y permite que los chicos se tomen el tiempo necesario para llenarlas. Luego que tengas los resultados, puede que quizás quieras revisarlos con los jóvenes (y los líderes) para comenzar a implementarlos. *J. Richard Short*

¿CÓMO ESTAMOS?

¿Quieres saber de esos adolescentes y padres de los que por lo general no oyes nada? Usa los cuestionarios de las páginas 27 y 28. Hazlo por ambos lados. La parte del frente para los chicos y la parte de atrás para los padres. O puedes imprimirlos en papeles separados si es que crees que los jóvenes y los padres quisieran mantener sus respuestas en privado.

Craig McClun

EVALUACIÓN DE ACTIVIDADES

Edificar un ministerio juvenil consecuente es un desafío constante cada año. Algo que ayuda al mejoramiento constante es que los jóvenes llenen una evaluación de cada actividad (ver la página 29). La clave para la efectividad es que luego de cada evento se recopilen los datos para una futura ayuda a la hora de hacer la planificación. Además, se pueden usar para determinar si es buena idea repetir el evento otra vez o hacer uno nuevo. La evaluación debe ser lo suficiente general para cubrir eventos que vayan desde un proyecto de servicio o un banquete de compañerismo hasta un retiro. *Jim Bourne*

COMPILA TU PROPIO LIBRO DEL MINISTERIO JUVENIL

Crea un recurso personalizado con ideas efectivas para el ministerio juvenil que hayas leído, obtenido a través de folletos recibidos, o de notas que hayas tomado en un seminario. Olvida los archivos tradicionales y en vez de eso edita tu propio libro. Toma una carpeta de tres argollas y cada vez que leas un buen artículo, puedes fotocopiarlo o cortarlo y ponerlo en la carpeta. Tu «libro» quizás no integre la lista de los más vendidos, pero tendrás una obra de referencia personalizada y muy práctica que puedes usar para tu trabajo en el ministerio juvenil por un largo tiempo. *Bert L. Jones*

Encuesta de Planificación

Tópicos Círcula los diez que más te interesen	Métodos Círcula los cuatro que más disfrutes	Recreación Círcula los ocho que más disfrutes	Proyectos de servicio Círcula los seis que más quieras hacer
1. Alcohol 2. Ira 3. Estudios bíblicos 4. Competencia 5. Vocación 6. Universidades 7. Noviazgo 8. Muerte 9. Drogas 10. Ecología 11. Fe 12. Relaciones con los hermanos y las hermanas 13. Relaciones con los padres 14. Relaciones con los amigos 15. Relaciones con los adultos 16. Voluntad de Dios 17. Presión de grupo 18. Hambruna 19. Identidad 20. Independencia 21. Celos 22. Amor 23. Matrimonio 24. Pobreza/Riqueza 25. Religión 26. Raza 27. Sexo 28. Escuela 29. Áreas residenciales 30. Derechos de igualdad 31. Religiones mundiales 32. Valores Otros: 33. _____ 34. _____ 35. _____	1. Teatro 2. Marionetas 3. Hacer banderas 4. Discusiones 5. Rapear 6. Paneles 7. Películas 8. Vídeos musicales 9. Monólogos 10. Oradores 11. Estudios grupales 12. Cuadernos Otros: 13. _____ 14. _____ 15. _____	1. Playa 2. Montaña 3. Esquí 4. Softball 5. Voleibol 6. Escalar 7. Bicicletas 8. Natación 9. Cenas progresivas 10. Fiesta de pizza 11. Montar caballos 12. Minigolf 13. Go-karts 14. Jugar bolos 15. Trampolines 16. Patines 17. Patinaje en hielo 18. Baile 19. Cocina 20. Paseo en carrozas 21. Coreografía 22. Canotaje Otros: 25. _____ 26. _____ 27. _____	1. Limpiar el salón de los jóvenes 2. Cantar villancicos navideños 3. Lavado de carros por el hambre mundial 4. Visitar un asilo 5. Ayudar en el Ejército de Salvación 6. Recolectar latas de aluminio 7. Visitar a posibles miembros de la iglesia 8. Cocinar para recaudar dinero 9. Auspiciar un hogar de refugio en la comunidad 10. Auspiciar a un niño de otro país 11. Visitar un orfanato 12. Limpiar las playas 13. Pintar los edificios de una comunidad 14. Limpiar las casas de los ancianos Otros: 15. _____ 16. _____ 17. _____ 18. _____

¿Cómo estamos?
Un cuestionario para jóvenes

Vamos a ver... estás ocupado, pero no demasiado ocupado para tener algunos sentimientos acerca del grupo juvenil. Así que te presentamos una manera conveniente para que nos digas qué te gusta y qué no. Luego, envía la encuesta por correo a la iglesia. Las mismas serán discutidas con mucho cuidado y se tomarán en consideración para lo que haremos.

1. Estoy en ☐ Secundaria ☐ Preparatoria

2. ¿Con cuánta frecuencia asistes a las reuniones de jóvenes y a los eventos?

    ☐ Nunca ☐ Raras veces (dos veces al año o algo así) ☐ Ocasionalmente (cada dos meses o algo así)

    ☐ Con normalidad (dos veces al mes)

3. Si no asistes mucho... ¿por qué no lo haces? (Escribe un 1 para la razón más común, un 2 para la próxima razón más común, etc.).

    ___Pocos juegos

    ___No hay transportatión   ___Simplemente, no me interesa

    ___No me gustan los líderes   ___Mis amigos no vienen o no vendrán

    ___Mi trabajo   ___No tengo tiempo

    ___No suficiente énfasis en la Biblia   ___No me atraen lo suficiente

    ___Nadie me ha preguntado   ___Otro: _____

4. Si asistes con mucha frecuencia, marca por qué. (Escribe un 1 para la razón más común, un 2 para la próxima razón más común, etc.)

    ____ Comida   ____ Mis padres me obligan a ir

    ____ Tiempo de estudio   ____ No hay mucho que hacer

    ____ Juegos   ____ Los líderes están interesados en

    ____ Mis amigos vienen   mí

    ____ Me gustan los líderes   ____ Otro: _____

    ____ Excursiones y actividades   _____
    _____

5. ¿Has invitado a alguien al grupo juvenil durante ☐ la última semana? ☐ el último mes? ☐ los últimos tres meses?

6. ¿Cuántos amigos adultos tienes en la iglesia? ☐ Varios ☐ Uno o dos ☐ Ninguno

7. ¿Qué está haciendo el grupo juvenil que te gusta?

8. ¿Qué crees que el grupo juvenil debería hacer diferente?

9. ¿Qué te haría querer venir con más frecuencia a las reuniones de jóvenes?

¿Cómo estamos?
Un cuestionario para padres

Vamos a ver... estás ocupado, pero no demasiado ocupado para tener algunos sentimientos acerca del grupo juvenil. Así que te presentamos una manera conveniente para que nos digas qué te gusta y qué no. Luego, envía la encuesta por correo a la iglesia. Las mismas serán discutidas con mucho cuidado y se tomarán en consideración para lo que haremos.

1. ¿Cuán frecuentemente participas del programa juvenil? ☐ Nunca ☐ Raras ocasiones ☐ Ocasionalmente ☐ Usualmente

2. ¿Qué te gusta de nuestro programa juvenil? _____
_____

3. ¿Qué no te gusta de nuestro programa juvenil? _____
_____

4. Comenta acerca del pastor de jóvenes (0—No hay oportunidad de observación; 1—Excelente; 2—Bueno; 3—Necesita mejorar):

   _____ Disfruta estar cerca de los jóvenes
   _____ Hábil para involucrar a otros
   _____ Conoce la Biblia
   _____ Aplica la Biblia de maneras prácticas a la vida de los chicos
   _____ Tiene tiempo para su familia
   _____ Provee recursos para los jóvenes y sus familias
   _____ Escucha a los chicos (sus opiniones, problemas, etc.)
   _____ Delega los trabajos

   _____ Se comunica con los jóvenes
   _____ Apoya por igualdad a los jóvenes y a sus padres
   _____ Tiene habilidades para el liderazgo
   _____ Recluta a líderes de jóvenes
   _____ Aconseja a los jóvenes
   _____ Tiene destrezas organizacionales
   _____ Planifica de antemano
   _____ Sabe manejar su propio tiempo

5. ¿Qué sugerencias en específico tienes para el pastor de jóvenes? Incluye las que entiendas conforme a la lista de la pregunta anterior. _____

6. ¿Qué comentarios o sugerencias tienes para el equipo de líderes del grupo juvenil? _____
_____

7. ¿Cómo puede el programa juvenil servirte mejor? _____
_____

Evaluación de actividades

La actividad que estoy evaluando es _____

Fecha de la actividad _____

Estoy en _____ grado.   ☐ M ☐ F

Clasifica las siguientes áreas en una escala del uno al cinco.

1. Promoción. ¿Tenías conocimiento de la actividad? ¿Cuán bien informado estabas? ¿Tuviste suficiente tiempo para prepararte para este evento?

|------|------|------|------|
1   2   3   4   5
¡Definitivamente no!   ¡Definitivamente sí!

2. Objetivos. ¿Pudiste entender las metas de la actividad? ¿Piensas que se pudieron cumplir esas metas?

|------|------|------|------|
1   2   3   4   5
¡Definitivamente no!   ¡Definitivamente sí!

3. Valor. ¿Te resultó valiosa la actividad? ¿Valió la pena participar en ella? ¿Fue algo que pensabas que era importante que los jóvenes consideraran?

4. Interés. Pudo satisfacer una necesidad o interés que tienes? ¿Pudo beneficiar tu crecimiento cristiano? ¿Te ayuda en tu vida cristiana?

|------|------|------|------|
1   2   3   4   5
¡Definitivamente no!   ¡Definitivamente sí!

5. Liderazgo. ¿Los líderes se mostraron preparados? ¿Pudieron presentar el material de manera adecuada? ¿Crees que ellos trataron de hacer un buen trabajo?

|------|------|------|------|
1   2   3   4   5
¡Definitivamente no!   ¡Definitivamente sí!

6. Repetición. ¿Recomendarías que se repitiera esta actividad? ¿Piensas que un evento anual de este tipo puede ser bueno?

|------|------|------|------|
1   2   3   4   5
¡Definitivamente no!   ¡Definitivamente sí!

7. ¿Qué fue lo que más te gustó? _____

_____

8. ¿Qué debe ser mejorado? _____

_____

MAPA DEMOGRÁFICO

Ya sea que tu iglesia se encuentre en una zona urbana, suburbana o rural, tu grupo juvenil puede estar distribuido por toda la provincia... o más allá. Si necesitas un vistazo de la localización de tus adolescentes (para propósitos de planificación de actividades sociales, transportación, recogida de chicos, grupos de oración, etc.) utiliza un mapa de las calles grande y detallado (disponible en tu departamento de transportación local). Usa un sinnúmero de tachuelas de colores para identificar la localización de cada familia de la iglesia con hijos adolescentes e incluye una clave que haga corresponder números a los nombres de las familias.
Tom Lytle

ARCHIVO DE «CLIP ART»

Haz que todos los líderes juveniles estén pendientes de cada gráfica, foto y arte único, inusual o simplemente curioso en los diarios y las revistas. Recórtalos y ubícalos en un archivo central que esté disponible para cuando hagas volantes o le envíes boletines al grupo. Corta y pega juntas algunas partes que tengas para crear buenas gráficas. Puedes pedirle a todo el grupo que busque buen material. Reserva una caja en tu oficina o el salón de reunión de jóvenes para cualquier contribución que se haga. *James Taylor*

CLAVES DE PROGRAMACIÓN

NOS ENCONTRAMOS EN EL PUNTO

¿Has tenido el problema de que tu grupo no sabe dónde encontrarse cuando se van a reunir para realizar diferentes actividades o eventos? ¿Has confrontado la situación de que llegaron jóvenes a la iglesia y se fueron simplemente porque no sabían dónde encontrarse? Aquí está la solución. Busca un lugar conveniente en el estacionamiento de la iglesia. En ese lugar, pinta en el pavimento un gran círculo con un diámetro de dos metros. Utiliza pintura brillante y llamativa. Luego, llámale a ese sitio «El Punto».

Muy pronto, los chicos conocerán el lugar y sabrán exactamente dónde encontrarse cuando digas: «Nos encontramos en El Punto». Esta idea no solo es práctica, sino también novedosa. «El Punto» tendrá su propia personalidad. *Andrew Pryor*

SEÑALES DE BUENOS TIEMPOS

Aquí ofrecemos una manera de hacer que esas experiencias extraordinarias puedan ser un poco más duraderas. La próxima vez que lleves a tus chicos a un campamento, retiro, conferencia o cualquier lugar donde puedan tener una experiencia memorable, haz o pide que hagan un cartel que esté expuesto durante todo el evento. Puede confeccionarse con cualquier cosa —tela, madera, plástico, cartón— siempre que sea de un material duradero. El cartel puede tener el nombre de la actividad, el nombre del grupo, un verso de la Biblia y/o la fecha... cualquier cosa que consideres significativa.

Cuando el evento se termine, toma el cartel y haz que todos los chicos que asistieron escriban sus nombres en él con un marcador permanente. Si hay espacio, escribe luego un pensamiento. El cartel se puede traer de vuelta al grupo juvenil para colocarlo en el salón de reunión y que sea un recordatorio del evento. *David P. Mahoney*

¡PREMIOS INCREÍBLES!

¿Has querido regalar algunos premios verdaderamente excitantes, pero no puedes hacerlo por lo costoso que es? ¡Esta idea es para ti!

Busca revistas y catálogos y recorta algunos premios increíbles: un auto nuevo, un sistema de sonido completo o un viaje a Hawai. También puedes recortar algunos premios que no son tan increíbles como un par de calcetines, una lata de aceite de motor, un tubo de pasta dental, etc. Guárdalos en sobres sellados.

Realiza los juegos y concursos que entiendas y cuando llegue el momento de los premios, haz que los ganadores seleccionen un sobre. Ellos no sabrán lo que hay en ellos, pero es posible que sea una lámina de un premio increíble. Cuando el premio sea revelado, puedes hacer una gran ambientación con la típica fanfarria. Anúncialo de la siguiente manera: «¡MUCHAS FELICIDADES! TE ACABAS DE GANAR UNA LÁMINA DE UNA NUEVA Y EQUIPADA CAMIONETA ÚLTIMO MODELO». O Puedes decir: «TE ACABAS DE GANAR UN DIBUJO DE DOS KILOS DE COMIDA PARA PERROS».

A pesar de que no se estarán ganando nada, los chicos se involucrarán en la competencia para ver quién obtendrá la lámina con el artículo más costoso, y todo lo que le costará al ministerio juvenil será unos sobres y unos catálogos viejos. *Gene Defries*

VAMOS A CHARLAR

Agrégale variedad a la programación de tu grupo juvenil con enfoques diferentes para cada semana del mes. Aquí te damos un ejemplo:
- Primera semana. «Vamos a escuchar» — Una presentación de un orador invitado u otro programa especial.
- Segunda semana. «Vamos a charlar» — Una discusión o estudio con mucho diálogo y buena participación.
- Tercera semana. «Vamos a hacer» — Una reunión orientada a la acción que envuelva a los adolescentes en distintas actividades, la planificación, el servicio, etc.
- Cuarta semana. «Vamos a ir» — Una excursión o una presentación que exponga a los jóvenes a una nueva situación o un ambiente diferente.
- Quinta semana (cuando la hay). «Vamos a comer» — Prepara una comida, una fiesta con pizza u otra actividad gastronómica con los adolescentes. Los jóvenes estarán pendientes de esos meses con cinco semanas. *Joe Weatherly*

¡Y AQUÍ ESTÁ JUANITO!

Las reuniones de jóvenes pueden tornarse un tanto predecibles y no tan emocionantes si se sigue el mismo formato todo el tiempo. Algo que puede ayudar a cambiar las cosas un poco es hacer que la reunión se convierta en un «talk show». Esto es muy bueno si tienes invitados especiales.

Prepara el frente del salón con unas butacas y un escritorio para el animador. Los jóvenes pueden representar la audiencia del estudio, escuchando y a la vez haciéndole preguntas al invitado. Quizás puedas querer que alguien tome un vídeo de la actividad para «transmitirlo en un horario más tarde». *Roger J. Rome*

INFORME ILUSTRADO DEL RETIRO

Luego del próximo retiro o campamento, no envíes solo a dos o tres chicos al púlpito para comentarle sobre el evento a la congregación, sino muestra mejor un vídeo. También presenta un libro de recuerdos con fotografías en la entrada del templo.

Obviamente, esto requiere que se escoja a alguien para que tome un buen video. Animar a los chicos a traer sus propias cámaras y tomar fotografías para el libro de recuerdos le provee a la congregación la perspectiva única de cada joven en cuanto al evento. *Dale Shackley*

CASA DE LAS TARJETAS POSTALES

Luego de un retiro o una lección que cause que tus chicos se comprometan con algo de alguna manera, entrégale a cada joven una tarjeta postal presellada (o una tarjeta índice 4 x 6, ya que el servicio postal no tomará tarjetas 3 x 5). Pídeles que escriban lo que ellos sienten que Dios los está dirigiendo a hacer o cambiar. No necesitas decirles lo que tienen que escribir. Luego, haz que escriban su dirección en la parte frontal de la tarjeta. El próximo día lleva las tarjetas a la oficina de correos más cercana. ¡Servirá como un excelente recordatorio! *Gerard Labrecque*

DEVOCIONAL TELEFÓNICO

He aquí una buena manera de ayudar a los chicos con sus devocionales y además crear oportunidades creativas de evangelización. Prepara una línea telefónica devocional diaria con su propio número privado. La compañía telefónica puede arreglar unos precios razonables para esto. Dale al número telefónico un nombre pegajoso, como la «Línea TNT» (Totalmente Necesario este Teléfono) o cualquier otro. La compañía telefónica puede darte un número que sea fácil de recordar por los chicos. También necesitarás un contestador automático.

La idea es que los chicos puedan llamar en cualquier momento para escuchar un mensaje devocional corto. Esto significa, por supuesto, que tú (o alguien más) tendría que cambiar el mensaje todos los días. Puedes incluir un mensaje corto de las Escrituras y un pensamiento para el día. Si lo deseas, también es posible añadir alguna información del ministerio juvenil.

A fin de utilizar esta idea para evangelizar, haz que los chicos del ministerio distribuyan tarjetas de presentación que sean atractivas y contengan el número telefónico con una frase que diga: «Llama para que recibas pura dinamita todos los días». Muchos de los chicos de «afuera» que no asisten a las reuniones de la iglesia o el ministerio juvenil, llamarán y serán expuestos al evangelio. En los fines de semana puedes cambiar el tema y elegir que uno o dos de los chicos compartan su testimonio en la grabación. A los adolescentes les gusta mucho usar el teléfono, así que aquí tienes una gran oportunidad de sacar ventaja de eso. *Steve French*

INVITA A UN GRUPO DE TEATRO

La mayor parte de las clases de la escuela secundaria desarrollan una o dos obras de teatro durante el curso escolar. Usualmente estos estudiantes de drama trabajan durante meses ensayando sus líneas, creando disfraces y preparando la escenografía. Luego representan la obra frente a todos los estudiantes de la escuela o sus padres... y al final todo se acaba.

La mayor parte de las clases de drama le darían la bienvenida a una oportunidad de presentar su producción, en la que han invertido tanto tiempo, frente a una nueva audiencia. Verifica qué obras el grupo de drama de la escuela secundaria planifica representar, y si alguna suena aceptable para la reunión del ministerio de jóvenes de la iglesia, invítalos a que se presenten allí. Podrían hasta utilizar el grupo de jóvenes como un ensayo final.

Puedes utilizar la obra como base para una enseñanza o un devocional (muchas obras tienen que ver con los valores) y puede servir como una gran introducción al ministerio juvenil para muchos de los chicos del grupo de teatro de la escuela. *David C. Wright*

GRUPOS DE TINTA INVISIBLE

He aquí una manera sencilla de ubicar a los chicos en grupos o equipos. Cuando lleguen, haz una marca en sus manos o sus cuellos con tinta fluorescente invisible (como la que se utiliza en los parques de diversiones para marcar a los que reingresan). No les digas qué es lo que dice. Puedes utilizar un sello de goma para hacer las marcas o emplear una pluma o un pincel. La tinta la puedes encontrar en las tiendas de arte.

Cuando llegue el momento de que los chicos deban ubicarse en grupos, apaga las luces y haz que se coloquen debajo de una luz negra para que vean a qué grupo pertenecen. Puedes utilizar códigos como una O para el grupo uno, X para el grupo dos, y así sucesivamente. A los chicos les gusta el misterio que esto envuelve y es una manera eficaz de organizarlos por grupos sin muchas discusiones y cambios de un grupo al próximo. *Mitch Olson*

COMIDA RÁPIDA GRATIS

¿Estás buscando maneras de recompensar a los chicos por la recolección de fondos y los concursos? Inténtalo con los cupones de comida rápida que muchos restaurantes en cadena proporcionan con alegría o venden a un precio de descuento. Espera el momento de menor tránsito de personas y pregunta por el gerente, explicándole quién eres y qué estás haciendo. Hay muy buenas respuestas de muchos de estos lugares. A los chicos les encantarán estos cupones de comida rápida y no quebrarán tu presupuesto. *Dale Shackley*

GRUPOS DE BARAJAS

Utiliza un juego de barajas común para dividir grupos grandes en pequeños grupos. Primero, separa las cartas por categorías (corazones, picas, diamantes y tréboles), usando tantas categorías como número de grupos desees. Luego, organiza cada categoría en orden ascendente (de la tarjeta 2 hasta la A) y ubícalas en paquetes separados. Ahora, crea un nuevo paquete al tomar la carta de arriba de cada montón, luego la próxima carta de cada uno (en el mismo orden), y así sucesivamente con todas las barajas.

Cuando los chicos lleguen a la reunión, entrégales una carta a cada uno del paquete y pídeles que se queden con ella hasta que se dividan en grupos. Para formar los grupos, haz que todas las personas de la misma categoría vayan juntas.

John Larson

ESCUELA DOMINICAL ROTATIVA

¡Dale vida a la escuela bíblica dominical de tus adolescentes con mucho movimiento y períodos cortos de atención! Reúnete con tu equipo de líderes y tengan una lluvia de ideas acerca del posible contenido y las ilustraciones para la próxima reunión dominical. Pídele a cada maestro que tome una de las ideas que tenga el grupo y prepare una mini-lección para ese domingo designado. Prepárate para que abarquen un tiempo de cinco a diez minutos, en dependencia de cuántas mini-lecciones se impartirán y cuánto es el tiempo de duración de toda la clase. Es posible que desees tener un tiempo de clausura con todo el grupo.

Mientras los chicos van llegando ese domingo, asígnales al azar dónde le esperan sus maestros. Señala el final de cada mini-lección con un timbre o cualquier otro artefacto ruidoso. Cuando terminen su primera sesión, indícales hacia dónde deben dirigirse para su próxima clase. Por ejemplo, que se muevan a favor de las manecillas del reloj para encontrarse con su próximo maestro o salón de clases. Al finalizar la escuela dominical, todos los adolescentes se habrán reunido con todos los maestros. *Jeff Elliott*

CUENTOS CORTOS Y LAS ESCRITURAS

Los cuentos modernos pueden ser una herramienta creativa y eficaz para comunicar verdades de las Escrituras. La mayor parte de las bibliotecas públicas y universitarias están suscritas al Índice de Cuentos, un índice temático revisado y actualizado periódicamente de los cuentos que aparecen en las antologías. Por ejemplo, si estás interesado en una historia acerca de la pacificación, puedes buscar en el índice bajo paz, no violencia, pacifismo y temas relacionados, encontrando los cuentos que aparecen registrados y las antologías donde pueden estar. Luego, verifica la base de datos de la biblioteca para localizar las antologías y cotéjalas a fin de descubrir cuál de ellas es la más útil para tu propósito.

Cada cuento debe ser evaluado basándonos en lo apropiado que es para la lectura de los jóvenes del ministerio. A pesar de que muchos de los cuentos encontrados no presentarán puntos de vista bíblicos, pueden servir como lugar de partida para discutir cuál podría ser la perspectiva bíblica. *Steve Perisho*

CAJÓN DE PREGUNTAS

Construye un cajón con un orificio en el tope que pueda utilizarse para almacenar las preguntas que los chicos quisieran que fueran contestadas. Coloca el cajón en un lugar visible en el salón de reunión y permite que los jóvenes depositen sus preguntas (sobre cualquier tema) en él cada semana. Dedica un tiempo de la reunión semanal para contestar las preguntas que fueron hechas la semana previa. Esto es una buena manera de mantener el dedo en el pulso del grupo juvenil. *Karen Shager*

PROMOCIÓN

LÍNEA CALIENTE DEL GRUPO JUVENIL

He aquí una buena manera de mantener informados a los adolescentes acerca de los próximos eventos y de permitirles contar con un modo de dejarte un mensaje. Si no tienes una oficina privada o una línea de teléfono disponible para ti en la iglesia, solicita una línea adicional y graba mensajes solo para los jóvenes en la máquina contestadora (puede que tu iglesia pague por eso). Cambia el mensaje a diario. Provee noticias de los próximos eventos, un pensamiento del día, chistes o cualquier cosa que se te ocurra. Invita a los chicos a que dejen mensajes para ti. Te percatarás de que tanto los adolescentes como sus padres utilizarán esa línea caliente. El cargo por tal línea telefónica es usualmente bajo, de modo que puede ser algo fácil de sufragar. *Steve Swanson*

DÓLARES DEL GRUPO JUVENIL

Esta es una buena manera de aumentar la asistencia de tu grupo juvenil a las actividades y reuniones. Premia a los chicos con dinero de juguete en cada evento, el cual podrá canjearse más tarde por descuentos para campamentos, salidas especiales y premios a los que los chicos puedan aspirar haciendo alguna oferta. Los jóvenes deben recibir de inmediato el dinero de juguete cada vez que asistan a una reunión del grupo y escribir sus iniciales en él.

También puedes crear tu propio dinero de juguete, como billetes bautistas, monedas del pacto y oro del ministerio juvenil. Créalos en tu computadora personal o en una hoja y haz muchas copias en papel colorido.

Molly Halter

CD DEL CALENDARIO DE VERANO

Con la proliferación de los equipos de duplicación a precios bajos, ¿por qué no crear algo menos costoso que un calendario de verano? ¿Qué tal hacer un CD en forma de calendario? Escribe en forma de libreto la información que colocarías en un calendario. Escoge una música cristiana buena y contagiosa que vaya con cada evento que promueves. Además, busca a alguien con una buena voz para que haga la locución. Es recomendable que posea cierto tipo de experiencia y que tenga acceso a algún estudio de grabación. Utiliza la música para abrir y cerrar el calendario en audio, como trasfondo, y para crear puentes entre los anuncios. Asegúrate de obtener permiso para utilizar la música con derechos reservados.

Luego, duplica el original en discos compactos económicos y diseña una buena carátula. Puedes enviarlos por correo postal a tus adolescentes. ¡Verás cómo esto se convertirá en una tradición veraniega! *Dave Mahoney*

SEÑALES CON GLOBOS

La próxima vez que necesites colgar un afiche en un salón grande para que todas las personas lo puedan ver, intenta lo siguiente. Llena algunos globos con helio y amarra el cartelón a ellos. Los globos subirán hasta el techo y se llevarán con ellos el afiche.

Esto trabaja muy bien en campamentos y conferencias donde tienes que registrar a cientos de adolescentes. Por lo general, cada mesa tiene un letrero que indica el lugar al que las personas tienen que ir de acuerdo a sus iniciales o apellidos. Coloca esos indicadores en el aire por medio de los globos y serán ubicados con facilidad.

Esta técnica también se puede utilizar para juegos de grupos grandes donde necesiten marcar en el salón varias localizaciones, límites, etc. ¡Trabaja muy bien!
David Washburn

SUPERCENTRO DE REGISTRO VERANIEGO

¿Empleas mucho tiempo registrando a los chicos los domingos a fin de recoger dinero para campamentos, giras o conciertos? Intenta esto mejor. Construye una cabina de un metro y medio (ver el diagrama). Añade bolsillos a la cabina que puedan contener los calendarios de verano, volantes, trípticos, anuncios generales y fotos de los eventos pasados del grupo juvenil. Luego coloca carteles alocados que digan «SUPERCENTRO DE REGISTRO VERANIEGO» en las paredes de la cabina.

Anima a los adolescentes y sus padres para que consulten el centro todos los domingos y se registren en varios de los eventos. Recluta chicos o voluntarios que atiendan el centro antes, durante y luego de los servicios. Asegúrate de guardar los sobres, lápices y formas, así como de cerrar con llave la caja del dinero en efectivo.

Haz que el registro sea menos complicado al imprimir un Certificado del Supercentro de Registro Veraniego, es decir, una hoja de papel que contenga todas las actividades del verano por fecha y costo. Todo lo que los chicos tienen que hacer es escoger y marcar el evento al que quieren ir y el total que van a pagar por las actividades, colocando luego el certificado y el cheque o dinero en efectivo en un sobre y entregándolo en el centro de registro. Proporciónales esa información unos cuantos meses antes del verano para que la tengan de antemano. De esa manera, todos estarán enterados y podrán venir con el dinero y sus selecciones a las reuniones del ministerio juvenil.

Dave Mahoney

AFICHE DEL MES

Esta idea puede aumentar la asistencia y proveerles a los chicos algunas decoraciones asombrosas para sus dormitorios. Compra todos los meses un afiche atractivo con un mensaje (muchas de las librerías cristianas los tienen) y colócalo el primer domingo del mes en el centro de reunión del ministerio juvenil. Si no puedes encontrar un afiche adecuado, confecciona el tuyo propio o entra a una tienda de discos y compra uno secular, añadiéndole un mensaje cristiano o un verso bíblico.

El cuarto domingo del mes, ofrece el afiche como un premio en la puerta. Los chicos disfrutarán al llevárselos a sus casas para colocarlos en sus dormitorios. *David Washburn*

DINÁMICAS DE GRUPO

MEZCLADORA DE ROMPECABEZAS

Si tu grupo es como la mayoría, puede que tengas algunos chicos que usualmente llegan temprano a las reuniones de jóvenes. Algunas veces se sientan en cualquier lugar y merodean por los alrededores de manera aburrida. Es posible que vayan a otro sitio en lo que comienza la reunión y entonces lleguen luego de que la misma haya comenzado en realidad.

Para remediar esto, provee un rompecabezas gigante en la parte de atrás del salón que pueda ser armado por cualquier persona que llegue temprano. Un rompecabezas de 400 a 600 piezas debe tener a los chicos ocupados durante algunas semanas. Cuando esté terminado, lo puedes convertir en un afiche con pegatina de rompecabezas. Cuélgalo en alguna parte del salón o regálaselo a alguno de los chicos del grupo. Esta actividad promueve el análisis crítico y la cohesión de grupo. Además, es creativa y decorativa!

Keith Curran

SOMBREROS CON IDENTIFICACIONES

Cuando dos o más grupos juveniles se combinan para una función especial, las etiquetas que dicen nuestros nombres ayudan, pero son aburridas.

Un método diferente es hacer sombreros con identificaciones. Los puedes confeccionar tú mismo o acudir a una variedad de restaurantes de comida rápida que los hacen para los niños. A la mayor parte de estos lugares les gusta la publicidad gratuita y te darán todos los que necesites. Los sombreros con identificaciones no solo son divertidos para lucirlos, sino también pueden ayudar a establecer un contacto visual. Las personas miran hacia arriba en vez de mirar hacia abajo. *Bruce Johnson*

RELACIONES ENTRE PASTORES Y ADOLESCENTES

CÓMO HACERLE EL DÍA AL PASTOR DE JÓVENES

¿Estás buscando una manera de acercarte a tus chicos y decirles con mucha sensibilidad cuán frustrante pueden ser ellos para ti? Sin ser muy pesado o quejón, puedes decirles cómo hacer que tu trabajo sea menos difícil de lo que debe ser.

Redacta para tu grupo «Un mensaje especial de su líder», un documento donde puedes comunicar tus quejas y tus buenas sugerencias. Es ideal para ser publicado en el boletín del grupo juvenil. *Jack White*

Cómo hacerle el día al pastor de jóvenes

Un miembro destacado del grupo de jóvenes...

- Le dice a su pastor que se parece a Brad Pitt / Michael Jordan / Jim Carrey.
- No deja los contenedores de Big Mac ni las papas a la francesa en el auto de alguien cuando lo llevan a algún lugar.
- No deja la copia de las notas del estudio bíblico sobre el sofá de otra persona cuando se va para su casa. (Pregúntale a Pedro cómo se tratan las notas de los estudios bíblicos).
- Viene a los eventos con una sonrisa en su rostro.
- Busca las maneras en que puede ayudar a los demás.
- Sabe lo que está sucediendo en el ministerio juvenil y si no se acuerda llama a la línea caliente (123-4567).
- Ama los retiros, les habla a sus amigos de ellos y ahorra para participar. No puede esperar a que llegue el próximo.
- No es rico, pero siempre paga a tiempo y se ofrece a hacerlo por alguien que es nuevo, está corto de dinero, o no se muestra decidido a ir al campamento.
- Le pregunta a los líderes si hay algo en que los pueda ayudar de modo que las cosas sean más fáciles para ellos y lo ve como una forma de ganar experiencia en el proceso.
- Utiliza una cantidad generosa de desodorante... en especial en los retiros en el Campamento Morton.
- Está dispuesto a comprometerse con el bienestar del grupo cuando se trata de buscar un lugar para comer, seleccionar actividades, etc.
- No se queja de las actividades al percatarse del gran esfuerzo que hacen los líderes. En cambio, ofrece sugerencias para el futuro y cuando la actividad no sale bien, tiene mucho tacto al hablar de ella.

- Evita sugerir que vayamos a la pista de carreras de la ciudad.
- Le dice al líder (antes del último minuto) a qué hora debe estar en su casa.
- Invita a personas nuevas a los eventos especiales y las actividades.
- Trae su Biblia a los estudios bíblicos.
- No dice: «Voy esta noche», cuando en realidad no tiene la menor intención de aparecerse por allí.
- Le ofrece el último pedazo de pizza al líder.
- Invita a sus amigos al grupo juvenil en vez de permitirles que lo traten de convencer de ir a una fiesta el fin de semana.
- Asiste a las noches de gelatina a pesar de que la gelatina no le gusta.
- Está dispuesto a olvidar las actividades que no quedan bien y en cambio divulga aquellas que tienen éxito.
- Le envía una nota de agradecimiento al pastor y los líderes cuando la ocasión se presta para eso.
- Lleva refrigerios de manera inesperada a alguna reunión.
- No espera que se le brinde todo el tiempo y considera dar del suyo también.
- Representa un buen ejemplo para los más jóvenes y les dice lo emocionado que está de que pertenezcan al grupo juvenil.
- Sabe cómo pasar un buen rato sin que el tiempo se le vaya de la mano.
- No critica a los otros para lucir bien.
- Hace lo posible por recoger antes de irse del salón, la cabina, el autobús, etc.
- No estornuda sobre los McNuggets de sus compañeros.
- Le abre la puerta a las chicas del grupo juvenil.
- Les demuestra respeto a sus padres, ya sean creyentes o no.
- Anhela estar involucrado en la vida de la iglesia local.
- Maneja con responsabilidad cuando sirve como conductor en las actividades del grupo juvenil.
- No trata de zafarse de un compromiso.
- Está dispuesto a participar tanto en los proyectos de limpieza y servicio comunitario como en las fiestas del grupo.
- No inventa historias para evitar asistir al grupo juvenil.
- Trata a su pareja con respeto y cortesía.
- Le da la bienvenida a los nuevos miembros porque se percata de que pueden sentirse muy nerviosos e inseguros de sí mismos.
- No acapara la mesa de ping-pong, se toma toda la gaseosa que queda, o cotorrea sin parar de modo que nadie más pueda decir una palabra en la reunión.

LIBRO DE CUPONES DEL LÍDER DE JÓVENES

Si no puedes comprarle un regalo de Navidad o cumpleaños a cada chico del grupo juvenil, intenta esto. No cuesta dinero, pero es una idea muy valiosa para un regalo. Crea un libro de cupones que les ofrezcan una variedad de servicios a los chicos y que puedan canjearse en cualquier momento del año.

- ❖ Bueno para una cena en mi casa.
- ❖ Bueno para una conversación privada gratuita cualquier día. (No es válido entre las 12:00 AM y las 6:00 AM).
- ❖ Bueno para una oración por cualquier petición.
- ❖ Bueno para una palabra de ánimo. Es canjeable en cualquier momento.
- ❖ Bueno para una palmada en la espalda.
- ❖ Bueno para una buena respuesta a tu pregunta más candente.
- ❖ Bueno para un mapa del tesoro. Un tesoro gratis se le dará a cualquier persona que visite la oficina del pastor de jóvenes de lunes a viernes de 9:00 AM a 4:30 PM. Llama para una cita.

Piensa en la mayor cantidad de cupones posible. Los mismos les ofrecen a los chicos algo gratis y hacen que se percaten de que te preocupas por ellos.

Larry J. Stoffel

PEGATINAS EN LA GUANTERA DEL AUTO

Como la mayor parte de los líderes de jóvenes, probablemente eres un chofer a tiempo parcial también. Debido a que los chicos pasan mucho tiempo en tu auto, trata de poner una pegatina en el parachoques o la guantera que resulte atractiva o inspiradora. La misma puede constituir un iniciador de conversaciones de mucha conveniencia, en especial si es la primera vez que un chico se monta en tu auto. Además, le proporciona a los jóvenes la oportunidad de comenzar conversaciones sobre temas difíciles. *Julie Bowe*

AMISTAD PARA TODA LA VIDA

El poema de la página 39 lo escribió un líder de jóvenes para sus adolescentes. Es posible utilizarlo en un banquete o la fiesta de fin de año. Puede ser leído, acompañado con música o presentado en un vídeo. También lo puedes usar en inscripciones para libros o Biblias. *Dan Engle*

TARJETAS DE SALUDOS GENÉRICAS

Siempre es una buena idea recordar a los jóvenes y enviarles tarjetas con motivo de su cumpleaños, una recuperación, como agradecimiento y en otras ocasiones especiales. Sin embargo, tener un inventario de todas esas cosas puede ocupar tu espacio de almacenamiento. ¿Cierto?

Así que crea una tarjeta genérica. Podrás cambiarla con facilidad si la diseñas en tu computadora, pero también la puedes hacer en un papel. Asegúrate de escribir siempre un mensaje personal en todas las tarjetas. *Alan C. Wilder*

He aquí cómo hacerla:

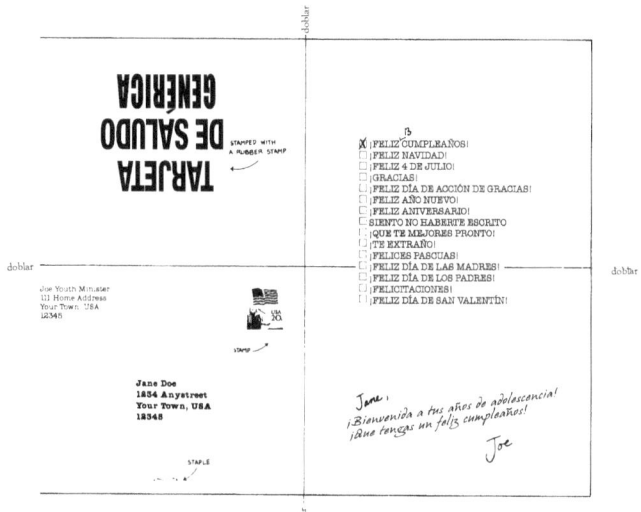

CONOCIÉNDOTE

¿Acabas de asumir tu nueva posición de pastor de jóvenes? ¿Estás buscando la manera de conocer a todos esos chicos? Escribe tu nombre en la siguiente oferta e inclúyela en el próximo boletín de la iglesia. Tendrás a muchos interesados en conocerte. *Dan Lambert*

Tareas con Miguel

Quisiera conocer mejor a todos los chicos de la Iglesia de la Comunidad. Les presento un plan para que podamos lograr que eso sea posible (algo que quizás después lamentaré).

¿Recuerdas esa tarea que simplemente detestas o con la que siempre has deseado que alguien te ayude? Anota debajo la fecha y la hora en que debes hacer esa tarea durante este mes. Iré a ayudarte. Me he dado cuenta de que de esta manera no solo te conoceré, sino que podré entender las cosas que haces (sin mencionar las grandes historias que puedas contar de lo que me hiciste hacer).

¡SÍ! Quiero que Miguel me ayude a mí, _____
_____ el día_____
___. Él debe estar en mi casa a las _____.
Mi dirección es _____
_____.
Debe traer una muda adicional de ropa: _____ Sí _____ No
Instrucciones especiales: _____
_____
_____
_____
_____.

CARTA DE ORACIÓN

Una buena manera de demostrarles aprecio a los jóvenes es orando por ellos de forma individual. Si haces esto, puede querer dejárselos saber con una carta como la que aparece debajo. Cada día, escoge a uno o dos adolescentes para ese tiempo de oración y escríbeles una carta especial. He aquí un ejemplo:

Querida Rebeca:

¡Hola! Espero que estés teniendo un gran año en la escuela. Tú sabes que eres especial para mí y nuestra iglesia. No te lo digo lo suficiente, pero quiero que lo sepas. Esta mañana fuiste el tema de mi oración y mi tiempo de silencio. Hice una oración para que Dios estuviera cerca de ti hoy, a fin de que te ayudara con los problemas de todos los días y tus victorias. Dios te ama en realidad y desea lo mejor para ti. Yo también.

En Cristo,

Pedro

James Bourne

INSTALACIONES

ALFOMBRA CREATIVA

Si tu presupuesto está muy limitado y el salón del ministerio juvenil parece un calabozo, dedica un tiempo con los chicos a obtener fragmentos o trozos de alfombra. Luego, reúne a todo el grupo juvenil para que peguen y cosan con agujas los pedazos a fin de decorar el salón de reunión, no solo se divertirán, los chicos, sino que sentirán que ese lugar es suyo. *John Coulombe*

HAGAMOS GRAFFITI

Si tienes una habitación para el uso exclusivo del grupo juvenil, muéstrales una o dos paredes a los chicos para que hagan un graffiti de lo que se les ocurra. Provéeles pintura, aerosoles y brochas. Permíteles que den rienda a su creatividad. Puede que necesites una norma de decencia; sin embargo, deja que los chicos digan lo que quieran. De todas maneras, puedes pintar luego sobre lo que te preocupe e intentarlo otra vez.

Steve Gladen

BUZONES

Construye una caja de madera con divisiones de modo que cada integrante del grupo juvenil pueda tener un buzón. Luego cuélgala en alguna parte del salón de reunión. Esta es una manera conveniente de enviarles volantes a los que asisten con regularidad. Además, ayuda a que se puedan comunicar con los demás. Por ejemplo, si tienen una nota especial que quieran compartir con alguien, la pueden dejar en el buzón. Todos los chicos se sentirán importantes al tener sus propios nichos. Mientras vayan llegando nuevos integrantes al grupo, asegúrate de que puedan recibir un buzón lo más pronto posible para que sientan que pertenecen allí. *Donna McElrath*

YAK SHAK

Un grupo juvenil publicó un anuncio en un diario local donde pedía donativos de muebles usados para el salón de reunión. Las personas que enviaron muebles recibieron pruebas de su donación para propósitos de impuestos. Ahora, el grupo disfruta de una sala cómoda y grande como la sala de un hogar. Los chicos y los visitantes se sienten más relajados en ese ambiente informal. Ellos le dieron a la habitación el nombre de Yak Shak. Intenta esto para tu salón de reunión si necesita una redecoración.

Loren Reynolds

PARED DE TELA

Como suele suceder en varias juntas administrativas de algunas iglesias, es posible que te digan que no cuando preguntes si pueden pintar las paredes del salón de los jóvenes. Intenta preguntar si te permiten cubrir las paredes con tela en vez de pintura y estarás libre de pecado. ¡JA!

Así que reúnete con los integrantes del grupo juvenil y escojan los diseños y los colores de la pared y luego busquen trozos de tela y pinten encima de ellos (la pintura de acrílico es una excelente herramienta para esto). Esta idea de bajo presupuesto personalizará y le dará más brillo al salón. *Doug Partin*

CARTELERAS GENIALES

Promueve tus actividades de una gran manera o redecora tu salón con carteleras. Observa los anuncios en cartelera en el área donde te encuentras y trata de pensar cómo algunas de las cosas que vez se pueden aplicar en el salón para llevar un mensaje. Luego, contacta a la compañía de anuncios más cercana para ver si te permite ver su inventario. En ocasiones te facilitan un anuncio o parte de alguno si reciben una carta de la iglesia donde especifíquen que no será utilizado para ninguna venta o publicidad comercial. También puedes entregarle una carta como recibo de la donación a esa compañía.

Usa la cartelera como decoración de las paredes del salón de jóvenes, como parte de una obra de teatro, o como promoción de una actividad en particular. Existen muchas posibilidades. *Gary Ogdon*

PAREDES PINTADAS CON LAS MANOS

¿Las paredes de tu oficina no son muy estimulantes? No necesitas los servicios de un decorador de interiores. Solo necesitas las manos de los chicos y de los voluntarios del grupo juvenil.

Marca en las paredes los patrones que quieres que se pinten. Escoge dos o tres colores de pinturas brillantes de látex similares en valor, lo cual significa que ningún color opaca al otro. Luego, anúnciales en la Escuela Dominical a todos los chicos que vayan a la oficina y pongan las huellas de sus manos en las paredes. ¡Cuidado con el entusiasmo que generes!

Permíteles que sumerjan sus manos en uno de los envases de pintura de un color específico y que con mucha gentileza las coloquen en dos o tres áreas de las paredes que hayas designado. No deben retirar las manos demasiado rápido, ya que pueder ocurrir salpicaduras. En seguida, dirige a los chicos a que se laven las manos en el área de limpieza ¡Y pídeles a los líderes del ministerio que dejen sus huellas también!.

¿Qué tendrás con esta decoración? En primer lugar, tendrás la oportunidad de conocer a la mayoría de

Amistad para toda la vida

*No existe una comprensión de cómo Dios pone en la mente de ciertas
personas estar en ciertos lugares, en un cierto período de tiempo,
para trabajar, vivir y aprender.
Sin embargo, allí estábamos. Al principio se trataba únicamente de rostros.
Solo éramos conocidos, pero con mucho en común, mucho para compartir:
el amor de Dios, el entusiasmo por la vida y el interés hacia los demás.
En un momento nos hicimos los mejores amigos.
Esos rostros no familiares se convirtieron en la sonrisa cálida de un hermano.
Ese instante de conocernos se convirtió en el estímulo que nos ayudó
en los exámenes, el dolor y los problemas en el hogar.
Habíamos estado llenos de presentimientos, mostrándonos escépticos
de ser parte de una gran masa de desconocidos, justo como una gota de
agua en un mar de gente. No obstante, ese lugar tan extraño pronto se
volvió nuestro hogar y todos llegamos a ser una familia.
Permanecimos juntos, viajamos juntos, pasamos momentos duros y difíciles.
Reímos. Y el vínculo entre nosotros creció y creció. Somos hermanos,
hermanas, familia, amigos.
Entonces, en un abrir y cerrar de ojos, un año vino y se fue.
Para algunos habrá un tiempo de celebración: graduaciones,
trabajos de verano, visitas a los padres y vacaciones.
Habrá otros a los que no veremos por un largo tiempo.
Sin embargo, sabemos que hay algo que perdurará.
Algo que los años no podrán llevarse.
Algo que trascenderá para siempre.
Tenemos una amistad para toda la vida.*

tus chicos durante esta actividad. Además, mientras te sientes en tu oficina, podrás visualizar las vidas de los chicos a través de sus huellas. Esto te puede animar a orar por ellos y el equipo de líderes con el que trabajas.
Eric Wooding

RECURSOS

INTERCAMBIO DE LIBROS

Anima a todas las personas de todas las edades en la iglesia a involucrarse en la lectura al preparar una biblioteca donde los libros puedan ser intercambiados en lugar de solo tomarse prestados. Las personas pueden tomar un libro de la biblioteca (y quedarse con él si lo desean) siempre y cuando lo intercambien por otro libro de un valor comparable. A pesar de que todos los intercambios se hacen bajo el sistema del honor, designa a alguien que vele por la biblioteca, proteja el proceso fiel de los intercambios y mantenga la exhibición de manera impecable. *Al Johnson*

ESQUINA DE CATÁLOGOS UNIVERSITARIOS

A fin de ayudar a los chicos que están por terminar la escuela secundaria, puedes contactar a universidades privadas y públicas, colegios técnicos e instituciones vocacionales para que te suministren sus catálogos. Allí podrás encontrar información con relación a las admisiones, la ayuda económica y los cursos que otorgan. No hay cargos por este servicio y muchas instituciones acogerán este esfuerzo promocional.

Luego, prepara una mesa o un anaquel en el salón de reuniones de los jóvenes con la información que obtengas. Puedes poner un letrero que diga: «Espera que Dios te dirija, no que decida». Esta es una manera grandiosa de informarles a los chicos de las posibilidades de continuar educándose durante la vida.
Matt y Janelle Kuntscher

ROLLOS DE PAPEL DE PERIÓDICO

Dirígete al almacén del periódico local de tu ciudad y pregunta por los rollos de papel restante de la impresión de alguna edición. Por lo general, hay docenas disponibles todos los días con mucho papel que puede ser utilizado para dibujar, pintar, decorar o cualquier otra idea creativa que te surja. Cada uno de estos rollos sobrantes tiene cerca de quince metros de papel útil.

TARJETAS DE CORTESÍA DE LA BIBLIOTECA

Si tu biblioteca personal o de la iglesia sufre del síndrome de los libros desaparecidos, esta idea te puede ayudar. Imprime pequeñas tarjetas como la que te enseñamos en esta ilustración y pídele a los usuarios que la llenen cuanto piden un libro prestado.

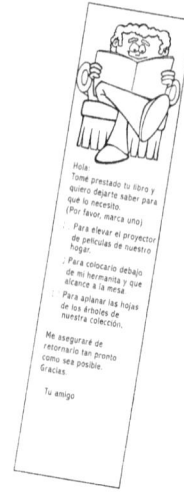

Esta tarjeta no es tanto para tu beneficio como para el de los usuarios de la biblioteca. Puede ser utilizada como un marcador y a su vez como un recordatorio de que necesitan devolver el libro. Un toque de humor hace que sea más sencillo que puedan llenar las tarjetas. *Scott Welch*

DISCIPLINA

LOS 44 MANDAMIENTOS FABULOSOS

Si necesitas algunas reglas para tu grupo juvenil, prueba las que están en la página 43. Las reglas por lo general van mucho mejor si se pueden presentar con un poco de sentido del humor. Haz una copia y distribúyela a cada integrante del grupo juvenil. *Randy Nichols*

PROGRAMA DE BOLETOS JUVENILES

He aquí una manera creativa de controlar la conducta de esos adolescentes muy exuberantes usando boletos de doble rollo. Usualmente puedes comprar estos boletos en las tiendas de artículos de oficina, las compañías suministradoras de papel, o las tiendas de artefactos de fiestas y celebraciones. Recompensa a los chicos por su buena conducta y penaliza su mal comportamiento de una manera divertida y no intimidante.

Cuando los chicos lleguen, recibirán cinco boletos que pueden conservar con ellos durante toda la reunión. Ubica los trozos que compaginen en un contenedor.

Las reglas de la conducta aceptada e inaceptable deben explicarse bien antes de tiempo para que cuando uno de ellos no se porte adecuadamente, no se sorprenda cuando el líder le retire alguno de los boletos. Los chicos pueden perder los boletos en cualquier momento de la reunión. Es posible que sea en el período de juegos, el tiempo libre, los estudios bíblicos, el devocional o cualquier otra cosa que se haya planeado.

Entrega los premios (dulces, soda, etc.) al final de la reunión tomando los boletos del contenedor. Cuando extraigas un boleto que se corresponda con el número de alguno que se le haya retirado a un chico por su mal comportamiento, hazlo a un lado y escoge otro. *Steve Christopher*

CONTRATO DEL MINISTERIO JUVENIL

Si la disciplina es un problema en tu grupo juvenil, puedes crear un Contrato del Ministerio Juvenil con los chicos. En una de las reuniones, anuncia o pasa una lista con las reglas que hayas escogido de antemano. (Mientras más escojas mejor. Debes considerar algunas que rayen en lo ridículo). Además, pídeles a los chicos más sugerencias. Cuando la lista esté completa, divide al grupo en pequeñas unidades y hazlos decidir qué reglas quieren preservar y cuáles desean eliminar. Ellos deben mantener aquellas que consideren justas y necesarias para que el ministerio juvenil funcione sin problemas.

Luego, desarrolla una discusión con todo el grupo donde cada uno de los grupos pequeños comente sus conclusiones así como sus razones. Si piensas que los chicos han eliminado algunas de las reglas más útiles y preservado otras poco deseables, también puedes expresar tus opiniones. Sin embargo, la decisión final debe ser tomada según la votación de todo el grupo. Usualmente, ellos hacen un buen trabajo en cuanto a seleccionar y modificar las reglas que consideran que valen la pena y las honran. Una vez que todo el proceso haya terminado, escribe las reglas en un afiche y permite que todos firmen debajo. Pégalo en la pared como un recordatorio de que ya tienen un contrato.

Es probable que tengas que hacer enmiendas y añadir o eliminar reglas con el transcurso del tiempo siempre que el grupo esté de acuerdo. Algunas reglas pueden ser más importantes que las demás. La idea es determinar el estándar del comportamiento del grupo por adelantado para que no se te acuse de ser un dictador cuando debas administrar una acción disciplinaria. Por lo general este procedimiento es más útil con grupos grandes que con pequeños.

(De «Junior High Ministry» por Wayne Rice, Zondervan, 1978)

CONVENIO SOBRE LAS BURLAS

En ocasiones las burlas y los comentarios ofensivos tienen lugar entre los chicos del grupo juvenil. Esto puede afectar mucho las relaciones del ministerio juvenil si se permite que pasen desapercibidos. He aquí una manera de evitarlo.

Dedica un tiempo a discutir el tema de las burlas y cuán importante es que seamos cuidadosos con respecto a lo que le decimos a los demás (Santiago 3:2-12).

Después de este estudio, haz que los chicos diseñen un Convenio de Burlas similar al que se encuentra en la página 45. Puedes suministrarles un ejemplo y permitir que los chicos lo modifiquen y le añadan sus propias ideas y pensamientos. Luego, haz que todos lo firmen y exhíbanlo en alguna pared del salón de reunión como un recordatorio constante de que las burlas son inaceptables en el ministerio juvenil. *David C. Wright*

EL POTE DEL INSULTO

Si tienes problemas con algunos chicos que constantemente están insultando y mofándose de los demás en las reuniones y actividades, puedes intentar esto. Toma un pote e identifícalo como el «Pote del Insulto». Luego, cuando algún integrante del grupo insulte a otro o se mofe de un chico, el acusado deberá pagar una multa. Ese dinero se colocará en el pote. La cantidad que se recoja puede ser enviada a cualquier proyecto misionero que hayan elegido.

Este método llama la atención sobre el problema sin ser demasiado duro. El aumento de la consciencia resultará en menos burlas e insultos. La multa puede ser fijada en una cantidad que consideres la más eficaz y justa posible. *Hal Evans*

Otras ideas administrativas

LOS 12 MANDAMIENTOS DEL MINISTERIO JUVENIL

Los siguientes doce mandamientos son en realidad doce maneras de asegurar que tu grupo juvenil se caiga por el risco. Se trata de una lista de cosas que *no* debes hacer, la cual resulta muy útil para cualquier buen líder juvenil. Puedes colgarla en cualquier pared de la oficina.

- **Utiliza el incentivo de borrón y cuenta nueva.** Dile a los chicos que ya intentaron sus ideas hace seis años atrás. ¡No sirvieron antes ni servirán en este tiempo!
- **Depende solo de unos pocos adolescentes.** Usa a los más cercanos a ti para cada actividad y privilegio. No intentes desarrollar responsabilidades en otros jóvenes.
- **No le encargues nada a tus chicos.** Toma a los chicos y sus esfuerzos por garantizados.
- **Reprime a los adolescentes por sus faltas.** No te tomes la molestia de orar para que sean fortalecidos. Solo regáñalos por sus faltas.
- **Espera que todos estén de acuerdo con tu manera de pensar.** ¡Esto lo dice todo! Cualquier cosa que suceda... tú siempre tienes la razón.
- **No intentes desarrollar un espíritu de grupo y una moral entre los chicos.** ¿Por qué perder tu precioso tiempo en asuntos que debieron ser atendidos hace mucho?
- **No inviertas tu tiempo personal en ellos.** Diles que estás muy ocupado para escuchar sus problemas. Además... ya tienes suficientes dificultades.
- **Traiciona las confidencias.** Utiliza una confidencia que te haya hecho alguno de los jóvenes como una ilustración en la reunión del grupo.
- **Organiza un equipo de espionaje.** Diles a tus alcahuetes que te reporten cualquier asunto cuestionable que esté sucediendo entre sus amigos. Esto fomentará la duda y la desconfianza (por no decir nada de la desunión).
- **Culpa a tus adolescentes por tu fracaso como líder.** Permitiremos que definas este punto por ti mismo... nadie conoce mejor que tú a quién culpar en realidad.
- **Haz que el cristianismo sea una religión de lo que no podemos hacer.** Asegúrate de enfatizar todas las cosas que no se deben hacer en el cristianismo. Esto es mucho más fácil que enseñar que la vida cristiana implica una libertad saludable y disciplinada, que ofrece la oportunidad para la expresión personal y la toma de responsabilidades.
- **Sé un gruñón.** Lo que más les gusta a los jóvenes es una persona vieja y gruñona. Eso sí hace que la moral y el espíritu crezca en todo el grupo. *Jim Hayford*

ALMACENAMIENTO DE AFICHES

¡Qué pérdida de tiempo cuando se hace un afiche para que lo lancemos a la basura luego de haberlo utilizado en una sola ocasión, o lo guardemos en un gabinete y nunca lo volvamos a recuperar! Una manera de prevenir que eso suceda es utilizando perchas para sostener pantalones, de esas que tienen dos cierres. Puedes colgar varios afiches en una misma percha. Hazlo manteniendo las partes en blanco juntas de modo que puedas revisar con facilidad los carteles. Luego, puedes colgarlos en un armario que no se esté utilizando o emplear un colgador de puertas para guardarlos justo en un lugar donde puedas encontrarlos. *Jim Bourne*

MEJORANDO LAS CALIFICACIONES

Este programa le gustará a los padres, la comunidad y los medios... sin mencionar que ayudará a incrementar la asistencia. Provee una hora de servicio de tutoría antes de tu reunión del domingo en la noche o alguna otra reunión durante la semana. Recluta maestros competentes y otros profesionales que ayuden a los adolescentes con sus tareas y sus necesidades académicas especiales. Mejora el programa periódicamente con clases especiales sobre cómo estudiar, prepararse para las pruebas de admisión en la universidad, etc.

Los chicos no solo agradecerán la ayuda escolar, sino que permanecerán en la próxima reunión de jóvenes. *Bill Splawn*

TENER JUGUETES... FUNCIONA

Si trabajas con chicos, puedes tornar una situación potencialmente aburrida en una que sea muy divertida al tener siempre a la mano una maleta o caja en el baúl del carro llena de juegos, trucos y artículos misceláneos. El contenido sugerido para esta caja: barajas, canicas, balones de fútbol y básquetbol, sogas, pelotas de ping-pong, juegos de mesa y muchas cosas más. *Dave Bransby*

Así dice el pastor de jóvenes...
Los 44 mandamientos fabulosos
Reglas oficiales del ministerio juvenil

1. No pelearás
2. No morderás
3. No harás proselitismo
4. No apuñalarás
5. No abofetearás
6. No tomarás lo ajeno
7. No fumarás
8. No estrangularás
9. No empujarás
10. No insultarás
11. No te quejarás
12. No traerás Robitussin
13. No robarás
14. No apostarás
15. No tocarás
16. No mostrarás
17. No romperás
18. No participarás
19. No protestarás
20. No te irás
21. No andarás pegado
22. No engañarás
23. No acusarás
24. No apestarás
25. No andarás medio desnudo
26. No intrigarás
27. No gritarás
28. No blasfemarás
29. No avergonzarás
30. No quemarás
31. No mutilarás
32. No culparás
33. No cortarás
34. No se darán cabezazos
35. No harás obscenidades
36. No te harás el listo
37. No te caerás
38. No te quitarás la ropa
39. No correrás
40. No traerás armas
41. No rechazarás
42. No dispararás
43. No habrá frutería

Sí, estas son las reglas. Sin embargo, hay una explicación para que estén en ese orden. Las notas al calce pueden clarificar lo que se espera de un miembro privilegiado del ministerio juvenil.

• Las reglas 1, 2, 4, 5, 8, 9, 31, 34 y 39 tienen que ver con esos chicos a los que les gusta jugar muy rudo.

• Las reglas 6, 13 y 17 se refieren a tomar o dañar artículos que le pertenecen a otros o a la iglesia.

• La regla 3 significa que no venderemos ningún material o trataremos de hacer que los demás se unan a nuestro grupo de Herbalife o cualquier otra organización mientras estemos en la iglesia o en alguna actividad del ministerio juvenil.

• Las reglas 7, 12, 14, 18 y 30 indican que las siguientes cosas no se podrán usar, distribuir, ni estar presentes en ninguna actividad de los jóvenes: cigarrillos, encendedores o fósforos, bebidas alcohólicas, drogas con o sin receta médica. (Si usas algún medicamento, pídele a uno de tus padres que se lo entregue junto con la dosis al pastor de jóvenes antes de la actividad).

• Las reglas 10, 11 19, 27, 29, 32 y 41 tienen que ver con argumentos verbales, peleas, calumnias y reclamaciones airadas en contra de los demás. Estas no son aceptables. Si tienes un problema con alguien, una persona adulta los ayudará a los dos a resolver la situación.

• Las reglas 15, 21 y 36 se refieren a las relaciones con las personas del sexo opuesto. Tu conducta debe ser discreta y apropiada mientras estés en la iglesia o en alguna actividad del ministerio juvenil.

• Las reglas 16, 25 y 38 tienen que ver con la vestimenta apropiada para las actividades del grupo de jóvenes. El código de vestimenta de la iglesia debe ser seguido excepto cuando las diferencias sean anunciadas con anticipación.

• Las reglas 20, 22, 23 y 26 significan que si vienes a un evento, tenemos la expectativa de que permanezcas hasta que la actividad finalice y luego aguardes en el área designada hasta que tus padres o las personas autorizadas te vengan a recoger. Esperamos que hables y actúes con integridad mientras participes en las actividades del ministerio juvenil.

• La regla 24 significa que debes venir a los eventos limpio, por el beneficio de otros y de ti mismo.

• Las reglas 10, 28 y 35 significan que la profanidad, la vulgaridad y los chistes sucios no tienen lugar en las actividades de la iglesia.

• Las reglas 33, 40 y 42 implican que no se deberá traer ninguna cuchilla, pistola u otra arma a los predios de la iglesia o a cualquier evento del ministerio juvenil.

• La regla 43 significa que la comida (frutas) se sirve para comer y no para jugar ni tirarla. No habrá peleas de comida.

• La regla 44 no aplica a nuestro evento anual de Lanzamiento en Paracaídas sobre Volcanes Activos.

MÁQUINA DE HUMO CASERA

Construye tu propia máquina de humo, la cual puede servir para todo tipo de cosas: producciones musicales o teatrales, sesiones de fotografía, casas embrujadas, o cualquier ocasión en que quieras desarrollar un momento misterioso. Necesitarás los siguientes artículos:

- Un cubo de 3 a 5 galones
- Un cartón duro y grueso
- Una secadora de pelo eléctrica
- Una manguera de ventilación (con un diámetro de 12 centímetros preferiblemente)
- Cinta adhesiva
- Agua caliente y hielo seco

Puedes hallar todos estos artículos, excepto el hielo, en tu propia casa o una ferretería. Las tiendas de hielo seco las puedes encontrar en la guía telefónica debajo de la palabra hielo.

Para construir tu propia máquina de humo, coloca el cubo boca abajo sobre el cartón y márcalo por alrededor. Corta el cartón de modo que hagas una tapa para el cubo. Luego, corta agujeros en la parte superior de la tapa para la boquilla de la secadora de pelo y la manguera de ventilación (un poco más pequeña que la manguera, para que pueda doblarse en el cubo y se quede quieta). Utiliza la cinta adhesiva para sellar la tapa de cartón alrededor de la parte superior del cubo.

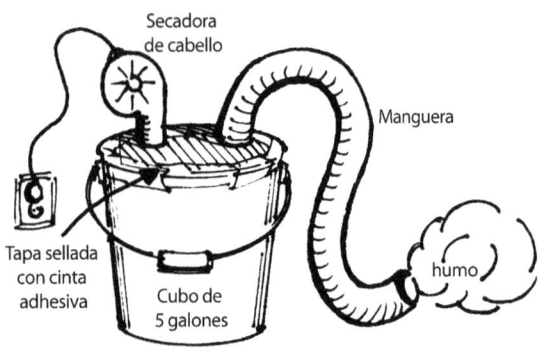

Cuando la tapa haya sido sellada y la manguera se encuentre bien colocada, estás listo para hacer el humo. He aquí cómo lo puedes hacer: llena el cubo con agua caliente hasta la mitad (por el agujero de la secadora de pelo en la parte superior y teniendo mucho cuidado). Puedes utilizar un embudo largo para evitar que se moje la tapa de cartón. También es posible llenar el cubo de agua antes de sellar la tapa del recipiente.

Corta el hielo seco en pedazos pequeños para que puedas lanzarlos a través del agujero de la secadora de cabello. Luego que el hielo esté adentro, enciende la secadora de cabello y ubícala en el agujero. El ventilador de la secadora de cabello forzará al humo a salir por el otro agujero, el de la manguera. Usa la manguera para dirigir el humo a donde quieras. Mientras más larga sea, más lejos podrás dispersar el humo. ¡Funciona! Asegúrate de usar guantes cuando agarres el hielo seco. Evita inhalar el humo del dióxido de carbono y ten cuidado de los artefactos eléctricos (la secardora de cabello) cerca del agua. *Dan Craig*

SOLUCIÓN PARA EL PEGAMENTO

Si alguna vez has intentado utilizar la última parte del pegamento de un frasco aplicándolo con una brocha seca, sabes cuán pegajoso y difícil resulta ser. Sin embargo, una lata de aceite promedio y a menudo subestimada, con un pico alargado incorporado, puede resultar un aplicador estupendo.

La misma te permite distribuir el pegamento por cualquier lugar que lo necesites. La punta del pico causa que el final del pegamento se seque, sellando el resto para que se conserve más fluido y pueda utilizarse por completo hasta la última gota. *Jim Bourne*

AFICHES COLGANTES

El viejo dicho que dice: «Hay una manera correcta y otra incorrecta para hacer cualquier cosa», también se aplica a colgar los afiches. Coloca un pedazo de cinta adhesiva detrás de cada esquina. Luego pega un poco de cinta adhesiva enrollada directamente sobre el primer pedazo de la otra cinta, en vez de ponerla sobre el propio cartel. De esa manera no romperás el afiche cuando lo quites. *Jim Bourne*

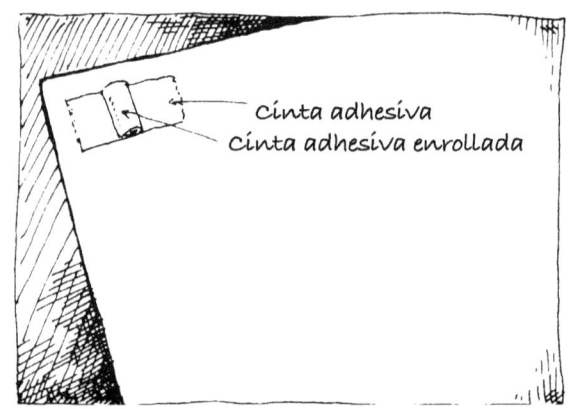

Convenio sobre las burlas

Quisiéramos que nuestro ministerio juvenil sea un lugar donde todos los que vengan se consideren aceptados y se sientan bien con ellos mismos.

Sabemos que las burlas y las criticas hacen que las personas se sientan rechazadas, heridas y mal con ellas mismas.

También sabemos que herir a otros de cualquier manera está mal ante Dios.

Por lo tanto, prometemos que con la ayuda de Dios:

1. Dejaremos de burlarnos de los demás con nuestras palabras y acciones.

2. Les recordaremos a otros en el grupo la responsabilidad que tienen de no burlarse de los demás.

3. Le pediremos perdón a Dios y a los demás cuando fallemos.

4. Perdonaremos a otros cuando fallen.

Firmado   Fecha

_____   _____
_____   _____
_____   _____
_____   _____
_____   _____
_____   _____
_____   _____
_____   _____
_____   _____
_____   _____

EN CAMINO OTRA VEZ

Siempre que te traslades a un lugar distante, los viajes en buses pueden tanto romperte la espalda como construir relaciones y proveer oportunidades para ministrar a los que viajan contigo. He aquí algunas maneras en que estas excursiones puedan obrar a tu favor en vez de actuar en tu contra..

- **¡Cuenta!** Asígnale a cada chico un número al inicio de la excursión; en cualquier momento que la asistencia sea tomada, los chicos simplemente dirán su número en vez de tener que gritar sus nombres cinco veces al día. (¡Desafía al grupo a que cuente cada vez más rápido!).
- **No más emparedados en papel fino.** Pon a salvo las bolsas del almuerzo y evita que sean arrojadas a cada rincón del autobús al almacenarlas en una nevera portátil grande.
- **Biblioteca rodante.** Luego de algunos días, los chicos se cansarán de jugar con las barajas y los juegos portátiles. Así que cuando escuches que volverán a cantar «Padre Abraham», saca rápido varios libros que hayas empacado justo para ese momento y pásalos. Cualquier cosa entre *El progreso del peregrino* y algún libro de Garfield será adecuada.
- **Hogar, dulce hogar.** Permite que los chicos personalicen el bus con cosas de interés que hayan recogido a lo largo de la excursión... después de todo, esto hace que el vehículo se torne hogareño y estimula la identidad de grupo y los recuerdos. No olvides empacar algunos rollos de cinta adhesiva.
- **¡Premios! ¡Premios!** Mantén un ojo atento en los «logros» especiales que puedas enfatizar al final de la gira: el premio de AT&T como aprecio a los usuarios (para el que más tiempo haya llamado a casa); el premio de tres cajas de Kleenex (para el chico que más extrañe su hogar); el premio a la vejiga pequeña (para el que más paradas haya solicitado a fin de ir al baño); etc.
- **Escoge algún asiento, cualquier asiento.** Los viajes extensos en autobús pueden ser experiencias interactivas muy valiosas. Los adolescentes, en cambio, son criaturas viciosas de los hábitos y el territorio. Si los dejas hacer lo que quieren, son notorios por amontonarse en la parte de atrás del bus, mientras los adolescentes más tímidos son forzados (por no decir lanzados) al frente del vehículo. Las parejas, en tanto, se ocultan detrás de los asientos. Puedes cambiar las cosas ocasionalmente al comenzar el día con un novedoso plan de sentar a los chicos junto a alguien que ellos nunca hubieran escogido para compartir su asiento.

Trabajemos en tu creatividad:
- **Día de Apocalipsis 22:13.** Porque Jesús es el Alfa y la Omega, todo el mundo se sienta en orden alfabético.
- **Día de Mateo 19:30.** Porque los primeros serán los últimos y los últimos serán primeros, aquellos que están en la parte de atrás deberán cambiarse con aquellos que están al frente.
- **Día de Génesis 1:27.** Las chicas y los varones se sientan en lados opuestos del pasillo. *David Shaw*

LIMUSINA BARATA

¿Alguna vez has querido darles a algunos de tus chicos un paseo en limusina como premio por ganar un concurso o para reconocer un logro especial de alguna clase? Desafortunadamente, las limusinas son muy costosas.

Sin embargo, puedes disfrutar del lujo de una limo sin pagar el alto precio tomando prestado un modelo antiguo Lincoln o Cadillac (un vehículo amplio de cuatro puertas con un gran asiento trasero) y añadiendo un televisor de baterías, un teléfono celular, una botella de sidra espumosa sin alcohol, alguna música clásica y el chofer (el pastor de jóvenes).

Conduce a los chicos alrededor del pueblo, toma

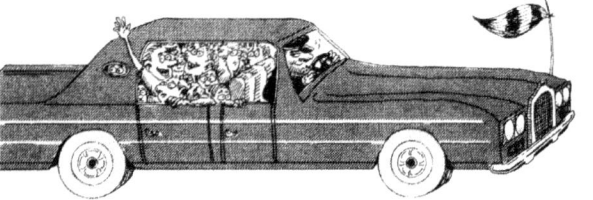

fotografías y haz que sea algo grande... los chicos lo amarán. *Roger Rome*

ARCHIVO DE APRECIACIÓN

Obtén un estímulo extra de esas notas de apreciación recibidas raras veces al organizarlas en un archivo personal. A través de los meses y los años el archivo crecerá, y en esos días que sientes que nadie aprecia tus esfuerzos, puedes hojearlo para ver y recordar lo que los chicos, los padres y tus colaboradores piensan en verdad de ti. *Tim Lighthall*

CONTROL DE CARAVANA

Ningún líder juvenil que transporta muchos chicos en varios vehículos puede estar totalmente relajado hasta que todos lleguen a salvo a sus hogares, sin que nadie se haya perdido o lesionado en algún accidente. Las guías en la página 47 pueden hacer que las caravanas sean seguras y eficaces. Haz suficientes copias para cada chofer del evento.

Un último detalle, incluye siempre instrucciones claras para llegar al destino previsto, de este modo, si alguien se separa, podrá estar allí tarde o temprano. *Ted Stecher*

Control de caravana

1. Maneja con seguridad.

2. Maneja con las luces encendidas.

3. Si tienes algún desperfecto mecánico, haz una señal de cambio de luces. Esta señal debe ser trasmitida hasta el primer vehículo en la línea; y todos los vehículos deberán intentar salir de la carretera y detener la marcha lo más pronto posible.

4. Si la gasolina de tu vehículo llega a bajar a un nivel de ____ tanque, enciende las luces intermitentes. La caravana deberá detenerse en la próxima estación de servicio.

5. Mantente en la fila. No te adelantes.

6. La velocidad máxima es de 88 kilómetros por hora a menos que las condiciones indiquen que se debe manejar más lento. No podemos ir más rápido que el vehículo más lento.

7. Mantente a la vista. No te quedes atrás ni tampoco te vayas demasiado al frente.

8. Si no puedes mantener el paso, apaga las luces y deja las luces intermitentes encendidas. (Si estás manejando en la noche, enciende las luces cortas y cámbialas a las largas repetidamente). Esta señal deberá llegar al primer vehículo para que la velocidad se pueda ajustar de acuerdo a la necesidad.

Control de caravana

1. Maneja con seguridad.

2. Maneja con las luces encendidas.

3. Si tienes algún desperfecto mecánico, haz una señal de cambio de luces. Esta señal debe ser trasmitida hasta el primer vehículo en la línea; y todos los vehículos deberán intentar salir de la carretera y detener la marcha lo más pronto posible.

4. Si la gasolina de tu vehículo llega a bajar a un nivel de ____ tanque, enciende las luces intermitentes. La caravana deberá detenerse en la próxima estación de servicio.

5. Mantente en la fila. No te adelantes.

6. La velocidad máxima es de 88 kilómetros por hora a menos que las condiciones indiquen que se debe manejar más lento. No podemos ir más rápido que el vehículo más lento.

7. Mantente a la vista. No te quedes atrás ni tampoco te vayas demasiado al frente.

8. Si no puedes mantener el paso, apaga las luces y deja las luces intermitentes encendidas. (Si estás manejando en la noche, enciende las luces cortas y cámbialas a las largas repetidamente). Esta señal deberá llegar al primer vehículo para que la velocidad se pueda ajustar de acuerdo a la necesidad.

PUBLICIDAD

PUBLICIDAD

No te conformes con tan solo llamar la atención de la gente... ¡apodérate de ella! Aquí te presentamos nuevas estrategias para utilizar los anuncios, las circulares, los calendarios, la correspondencia directa y los afiches clásicos. Ejemplos que no debes pasar por alto: hacer una lista de las actividades en un formato de guía de televisión a lo *TV Guide* (p. 61), diseñar un afiche de promoción para tus eventos que quepa en un armario escolar (p. 80), o comprar un espacio para anuncios en el periódico escolar (p. 90).

ANUNCIOS

PUBLICIDAD PROFÉTICA

En vez de usar el material de promoción estándar, el cual explica en qué consistirá tu próximo evento, crea un artículo de noticias profético que hable de lo que pudiera ocurrir. Incluye toda la información del evento en el recorte.

Escríbelo como un artículo de prensa de tu periódico local y utiliza la mayor cantidad de detalles posibles. Para despertar un poco de curiosidad, añade algunos nombres y/o descripciones de lo que podría suceder. *Len Cuthbert*

Y AHORA LOS ANUNCIOS...

Esa frase le da sueño a cualquiera. Despierta a tu grupo con anuncios sorprendentemente creativos como estos:

• Pega las inscripciones debajo de todos los asientos. Coloca billetes de un dólar bajo uno u dos de ellos. También es posible colocar pegatinas y aquellos que las encuentren podrán pasar al frente a reclamar su premio.

• Viste a un estudiante de secundaria con un uniforme de baloncesto o fútbol para hacer su anuncio.

• ¿El anuncio es para la congregación de adultos? Disfraza a un joven de repartidor de pizza y hazlo pasar al frente durante los anuncios con una pizza para el pastor. Cuando el repartidor se percate de en qué iglesia está, le preguntará al pastor por qué está ordenando pizza cuando su propio grupo juvenil está tomando órdenes para una venta de pizza a fin de recaudar fondos.

• Puedes poner una grabación que anuncie el evento mientras el anunciante solo mueve los labios. Incluso, si el anunciante lo practica, hasta puede hacer sus gestos con la boca fuera de sincronía para llamar más la atención, como si se tratara de una película italiana o japonesa antigua.

• ¿Estás promocionando un evento? Sostén un puñado de globos inflados por sus cordones y explota uno por cada excusa que puedas imaginar que los estudiantes darán para no asistir. Finaliza el anuncio diciendo: «Si no vienes, me arruinarás la fiesta».

- Pega dulces a las circulares y lánzaselas a los estudiantes.
- Haz una imitación de Don Francisco, el animador de Sábado Gigante. Dile a todos: «La actividad de la semana próxima estará llena de sorpresas. Cuéntales qué cosas pueden esperar, Javier». Luego promociona el evento a través del equipo de sonido y con una voz de fondo, como la de Javier cuando describe los premios del programa.
- Deshazte del enemigo público número uno de los eventos juveniles: la televisión. Lee los programas anunciados para esa noche en la guía televisiva, incluidos los actores y las sinopsis. Anuncia que todos los programas se grabarán y proyectarán luego del evento para el beneficio de los estudiantes.
- Antes de la reunión, coloca una silla y una mesa con una lámpara y una bebida. Un estudiante en bata de baño o vistiendo un esmoquin aparecerá durante algún momento apropiado de la reunión, se sentará a un lado de la mesa y hará el anuncio.
- Un estudiante de drama puede dar un anuncio por medio de una pantomima.
- Un grupo pequeño se puede dividir en equipos y hacer adivinanzas con la idea de comunicar el anuncio.
- Utiliza el rap para anunciar el evento.
- Durante una temporada con muchas actividades que promocionar, lleva una bolsa con objetos que ayuden visualmente al grupo a recordar los eventos: un candado con combinación (un retiro), gafas de esquiar (un viaje para ir a esquiar), un ornamento navideño (fiesta de Navidad), un estuche de CD (un concierto cristiano), un martillo (un proyecto de servicio comunitario). Para la próxima semana en la que anuncies estos eventos, lo único que tendrás que hacer es sacar los objetos de la bolsa (si es época navideña, la bolsa de Papá Noel) y los chicos mencionarán a gritos el evento.

¡Ahora te toca a ti crear algunas ideas! *Clay Nelson y Tom Daniel*

LA OPORTUNIDAD QUE SE DESVANECE

Puede que tus chicos presten atención durante el momento de los anuncios después que intentes esta idea con ellos.

Mantén en alto un pedazo de papel con tu anuncio escrito en negrillas. Mientras lo enseñas, finaliza tu anuncio diciendo algo así como «... y no olviden inscribirse el próximo domingo. Luego de ese día, la oportunidad de asistir a este evento se esfumará». En ese momento, sacarás un encendedor de tu bolsillo y encenderás la hoja de papel mientras la arrojas al aire simultáneamente. Esta arderá en llamas y desaparecerá a la velocidad de un rayo.

El truco se logra al comprar papel flash, que se puede conseguir en una tienda de magia o de regalos. Ni lo intentes con papel regular, ya que puedes correr el riesgo de incendiar la iglesia. El papel flash es seguro y atrapa la atención de los chicos. *David Parke*

EL DESFILE DE PIZZA

Con la ayuda de un diccionario o un tesauro (y uno que otro truquito de aliteración) puedes crear ideas divertidas para los anuncios de tus actividades o los eventos mismos. Aquí te presentamos un ejemplo de una carta que se le envió a un grupo de jóvenes:

> Estimado miembro:
> Tus amigos y tú están invitados a un Desfile de Pizza.
> ¿Qué es eso de un desfile de pizzas?
>
> Un desfile de pizza es:
> - Plenitud de pizzas de todas las proporciones apropiadamente preparadas por presuntuosas personas prominentes, con un prestigio perfectamente pomposo.
> - Pizzas propiamente presentadas de formas pintorescamente apetecibles.
> - Una forma placentera de pedirte que prepares y participes de este proyecto poético-popular que promueve la propia perspectiva y al Príncipe de Paz.
>
> Planteas que «suena superpopular y seriamente poderoso», y no queda duda sobre la perfecta precisión de tu predicción. Apúntate por adelantado para este agasajo del 10 de octubre por una irrisoria suma de dos dólares.
> «¡Paradójico!», exclamas. Puede que sí. Pero para que puedas participar en esta particular producción de pizzas te pedimos que persuadas a tus padres, presiones a tus panas y presentes tu persona, ya sea en púrpura o en algún color pálido.
> De parte de quien practica la persuasión con propiedad.
> Gwen

Kimberly Weast

BUSCANDO EL BOLETÍN INFORMATIVO

Si los jóvenes tienden a dar por garantizado el boletín informativo o los anuncios impresos del grupo, intenta lo siguiente:

Anuncia que el próximo boletín informativo se distribuirá de forma distinta a fin de economizar estampillas postales. Luego diles a los chicos que deberán traer una linterna para la próxima reunión. Antes de que la reunión comience, escribe en los sobres las direcciones postales como de costumbre, pero escóndelos en los alrededores de la iglesia. Ubícalos en lugares difíciles de encontrar, aunque sin olvidar dónde escondiste el boletín de cada uno de ellos. Cuando el grupo llegue a la reunión, deberán buscar sus boletines en la iglesia, la que estará iluminada levemente. Si encontraran el boletín de otra persona, deberán dejarlo justo donde lo hallaron.

Entrégales premios a los primeros chicos que encuentren sus boletines y a los que no los hallen (o lo hagan a lo último) dales algún premio de consuelo. Una vez concluida la búsqueda, lee el boletín en voz alta para enfatizar aquellos asuntos que lo requieran.

Mark A. Simone

ANUNCIOS EN CD

Para promocionar las actividades de tu grupo, inventa un nombre que suene parecido al de una banda o algún grupo musical. Luego, diseña una carátula de CD que se asemeje a la de una banda y complétala con fotos extravagantes de sus miembros: los jóvenes del grupo. Compra estuches de CD o forros de plástico que se parezcan a un estuche de CD.

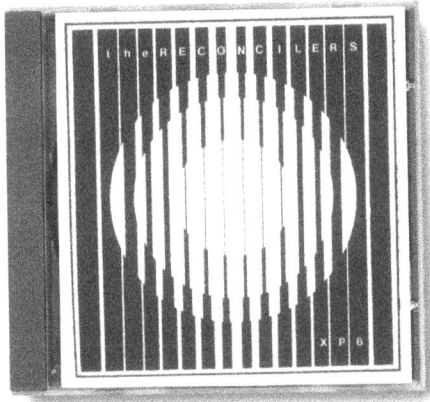

En vez de un disco, coloca dentro del estuche un calendario que detalle los próximos eventos del grupo. También puedes llenar el forro del CD con anuncios, circulares o folletos de las actividades del grupo juvenil. A los chicos les encantará.

Mark Thompson

COMPETENCIA DE ANUNCIOS

¿Los jóvenes de tu grupo olvidan fácilmente los próximos eventos? Fortalece su memoria y diviértete con esta idea:

Para el momento de los anuncios de tu próxima reunión, divide a los jóvenes en equipos y entrégale a cada uno de los grupos uno de los anuncios que necesiten mencionarse.

Facilítale a cada equipo una cartulina, marcadores y otros instrumentos que les sean útiles.

En un tiempo de cinco minutos, cada equipo deberá crear un anuncio atractivo: puede ser un afiche, un comercial, una dramatización, una canción, un vitoreo u otra cosa que ellos quieran crear. Entrégale un premio al grupo que ponga en práctica la mejor idea.

Gracias a este método la creatividad se estimula, los anuncios son efectivos, y es menos probable que los chicos olviden lo qué se está comunicando en su grupo.

Michael Berry

BUSCANDO EL TESORO, DIGO, LOS ANUNCIOS...

Divide al grupo en pequeños equipos cazadores y entrégale a cada uno una tarjeta de tamaño 3x5 con un dato o más sobre el próximo evento; también puedes incluir una clave que revele dónde encontrarán la próxima tarjeta.

Cada equipo recibe una serie diferente de tarjetas con distintos anuncios impresos. Cuando todos los equipos tengan sus tarjetas, entonces podrán organizar las claves en el orden apropiado y darle el anuncio al resto del grupo.

Este juego también puede hacerse como una carrera de relevos: una persona de cada equipo busca cada tarjeta nueva y regresa al grupo. Esto le añade mucha diversión y entretenimiento a los anuncios y ayuda con aquellas excusas arcaicas de «Lo olvidé» y «No sabía nada».

Michael Berry

> Tarjeta #1:
> viernes 7 de diciembre
> (La tarjeta #2 está pegada a la banca del piano).
>
> Tarjeta #2:
> 8:00-10:00pm
> (La tarjeta #3 está en el gabinete del equipo de sonido).
>
> Tarjeta #3:
> Centro de actividades juveniles
> (La tarjeta #4 está en el refrigerador).

ANUNCIOS POR MEDIO DE ADIVINANZAS

Intenta esto si tienes un grupo grande y muchos anuncios que hacer. Divide a tu grupo en equipos pequeños de cuatro o cinco chicos.

Entrégale a cada equipo uno o dos anuncios escritos en fichas de 3x5. Cada grupo tendrá tres minutos para inventar una adivinanza que les permita a los demás predecir el anuncio. Concédele un premio al equipo que haya empleado el enfoque más creativo y efectivo. Si todos los anuncios son del mismo largo y dificultad, divídelos en dos grupos y sigue las reglas regulares del juego de las adivinanzas, tomando el tiempo de los acertijos y concediéndole un premio al equipo más rápido. Esta es una forma segura de atrapar la atención de los chicos en el momento de dar los anuncios. *Mike Young*

ANUNCIOS ROMPECABEZAS

Piensa en varios tipos de rompecabezas de palabras que tengan como respuesta los detalles de futuros eventos. Muchos tipos de rompecabezas, como los crucigramas, pueden funcionar. Cópialos y pásalos al final de la reunión para que los chicos descifren el rompecabezas y sepan cuáles son los próximos eventos. Publica uno de los rompecabezas completados más adelante... por si las moscas. *Ken Owen*

ANUNCIOS CON ACCIÓN

Antes de que comience la reunión, escribe en trozos pequeños de papel los anuncios que se tengan que hacer. Luego, piensa en métodos inusuales, pero apropiados, de presentar cada anuncio: pantomima, poesía (inventar una rima para el anuncio), un boletín noticioso, una entre-vista, una canción, alternando las palabras (dos individuos leen el anuncio juntos, una palabra uno, una palabra otro), adivinanzas o algún otro método. También deberás anotar en cada trozo de papel el número de participantes que necesitarás para cada anuncio. Aquí te presentamos un ejemplo de cómo estaría escrito uno de estos pedazos de papel:

> Pantomima - 1 persona
> Lavado de autos
> Este sábado en la iglesia
> De 10:00am a 4:00pm

En el momento de la reunión, solicita voluntarios. No tienes que dejarles saber lo que van a hacer. Intenta asignarles los distintos métodos para presentar los anuncios a chicos que sabes que podrán manejar el reto. Luego, envía a todos los voluntarios fuera del salón de la reunión durante aproximadamente cinco minutos a fin de que se preparen (uno de los adultos consejeros puede acompañarlos para darles instrucciones y ayudarlos). Mientras tanto, improvisa otra actividad con el resto del grupo en lo que los otros se preparan. Vuelve a llamar a los voluntarios y permite que se manifiesten. *Darrel Johnson*

LANZAMIENTO SALVAJE

Esta es una buena idea para anunciar el comienzo de la temporada de béisbol en tu iglesia (si tu iglesia tiene este tipo de eventos) o cualquier otra actividad que quisieras anunciar usando el béisbol como tema. Corta una bola de béisbol por el centro con una sierra y pega cada uno de los lados por ambos lados de una ventana de cristal: parecerá como si la bola estuviera encajada en el vidrio. La pelota deberá estar ubicada en un área bastante transitada de la iglesia, donde la gente la vea. También puedes pintar algunas grietas en el vidrio alrededor de la bola para que resulte más auténtico.

Debajo de la pelota puedes publicar tu anuncio, tu lista de inscripción o cualquier otra cosa que desees. Con un poquito de creatividad, puedes usar esta idea para todo tipo de anuncio: un seminario de entrenamiento en primavera, un lanzamiento de ventas o algún otro evento relacionado con los deportes. *Mike Leamnson*

TARJETAS DE MANDAMIENTOS

Una buena manera de preparar tarjetas de saludos o para promocionar eventos es imprimiéndolas tú mismo ya sea en papel de carta blanco o en algún papel de construcción. En la portada de la tarjeta haz un dibujo de Moisés o las tablas de piedra y copia las palabras: «Escrito está...». Deja espacio debajo para completar el mensaje con un «no faltarás a la reunión de jóvenes» o «no dejarás de pagar el campamento».

En el lado izquierdo de la parte interior de la tarjeta puedes escribir: «¿Dónde está escrito esto, te preguntarás?». Y al lado derecho agregarás: «¡En la primera página de esta tarjeta!». Más abajo en esta misma página tendrás más espacio para detalles específicos o un mensaje personalizado.

Don Warner

«Escrito está...».
«no faltarás a la reunión de jóvenes»

CÓMO EVADIR UNA CITA

Anuncia tu evento del mes próximo con esta dramatización: Irwin el *nerd* llama a Susana para invitarla a salir. Él se muestra raro y nervioso durante la conversación, pero está determinado a conseguir un sí como respuesta. Susana, que está desesperada buscando la forma de evadir una respuesta afirmativa, usa el calendario de actividades de los jóvenes para dar excusas convenientes. Por supuesto, cada una de estas excusas será un evento real que llevará a cabo tu grupo de jóvenes. Utilizando el guión de las páginas 56-57, tan solo reemplaza las excusas de Susana con los eventos de tu grupo de jóvenes. Como de costumbre, la exageración añade diversión. *Doug Mathers*

CENA TEATRAL

Esta dramatización en tres escenas breves se usó para promocionar una cena del día de San Valentín en un grupo juvenil. Puedes adaptarla para tu ocasión. Encontrarás las tres escenas en las páginas 58-60. *Doug Mathers*

El ministerio estudiantil presenta:

La cena teatral del Calvario

De 6:45 P.M. a 9:30 P.M. el 14 y 16 de febrero
Costo: $9.50 por persona

Por favor, acompáñanos durante una noche de delicia culinaria y júbilo teatral. Una noche impecable para que veneres tus sentimientos de San Valentín.

Le Menu
Poulet grillé
Riz melangé (sauvage et domestique)
Haricots verts aux champignons
Cérises supreme
Lait
Café

Para reservaciones: puedes llamar al 282-4612 o colocar un cheque en el plato de las ofrendas (por favor, para beneficio de nuestros ujieres, especifica el evento en el cheque).

Código de vestimenta: Por favor, viste lo más ostentoso y llamativo posible. Dale uso a esa corbata, a esos trajes de baile de la escuela superior y esa joyería de fantasía. Fomentamos el uso de lentejuelas.

Boletos de Reservación

Nombre del grupo: _____

Cantidad del grupo: _____

Fecha de la reservación: _____

Número de teléfono: _____

Todo lo recaudado se empleará en apoyar nuestro viaje misionero de verano a la República Dominicana.

CÓMO EVADIR UNA CITA

ELENCO
- Narrador · Irwin · Susana

Escena: *Irwin se encuentra en el lado izquierdo del escenario, vestido al estilo más moderno de un nerd. Susana, que mastica chicle y usa un uniforme de porrista, se halla de espalda a la audiencia y al lado derecho del escenario.*

NARRADOR: Ya llegó febrero, y en este mes tan prometedor nos aguarda un día festivo que nos predispone a todos a sentir amor. Sí, estoy hablando del día del Presidente... digo, del día de San Valentín. Sin embargo, mientras que todos disfrutamos de esta idea del romance, estamos seguros de que no vas a salir con cualquier persona que te invite. Con la intención de ayudar a aquellos de ustedes que están ingeniándose formas de rechazar alguna cita, les presentamos un pequeño drama educativo titulado «Cómo evadir una cita».

IRWIN: *(nervioso, se frota las manos mientras se preparara y encuentra la valentía para hacer una llamada)* Ocho, tres, uno, cuatro, cinco, siete, ocho. Un timbre, dos tim... ¿Hola? Es Irwin. ¿Quieres salir conmigo este viernes por la noche? Oh, perdón, señor Vanidad... eh, ¿está Irwin ahí? Digo, ¿se encuentra la señorita Susana Vanidad? Sí, señor, espero.

SUSANA: *(entra y habla por encima del hombro en un tono de voz lo suficiente dulce como para ser nauseabundo)* Está bien, papá. Responderé desde mi teléfono. (levanta el auricular) ¿Hola?

IRWIN: Hola. ¿Es Susana Vanidad?

SUSANA: Sí.

IRWIN: Hola, Susana. Es Irwin Laboratorio. Estoy en tu clase de biología.

SUSANA: *(evidentemente, sin reconocer a Irwin)* ¿Sí?

IRWIN: Me siento frente a ti... (una pausa incómoda)... tú copias mis respuestas en los exámenes.

SUSANA: *(recordando y carraspeando nerviosa)* Sí, ya sé quién eres.

IRWIN: Bueno, me preguntaba, Susana, si querías ir a ver una película conmigo este viernes por la noche. En Cinemax están mostrando *El regreso de los nerds* por solo un dólar.

SUSANA: Oh, Irwin, me encantaría, pero... tengo que... eh... *(busca frenéticamente en su cuarto, mira el bote de basura y saca de él un papel arrugado con el calendario de actividades del grupo de jóvenes)*... tengo que ir a una cena de los estudiantes de penúltimo año de mi iglesia. Empieza a las seis de la tarde y termina a eso de la medianoche. No obstante, me parece que hubiera sido muy divertido. Perdona, pero...

IRWIN: Pero tú eres de la clase que se gradúa este año.

SUSANA: Sí, Irwin, lo sé, pero prometí ayudar... eeeh... lavando los platos.

IRWIN: ¿Y qué te parece si lo dejamos para el sábado 24 de febrero? Hay una exhibición increíble en el museo de ciencias acerca de los rituales de reproducción de los elefantes africanos.

SUSANA: Bueno, eso sí suena interesante. Sin embargo... (sigue mirando el calendario)... estaré fuera todo ese fin de semana en un retiro al norte de Minnesota con el grupo de jóvenes de la clase de último año. Ya te imaginas, esquiando, montando a caballo, jugando, animando a los jugadores de fútbol de invierno.

IRWIN: Entonces, ¿qué te parece el miércoles 14? Escuché que hay una competencia de dobles de Elvis en el centro comercial.

SUSANA: Lo siento. Debo ir a la iglesia y asegurarme de pagar el depósito del retiro, el plazo es hasta esa noche. Además, tengo reunión de mi grupo de jóvenes todos los miércoles.

IRWIN: ¿Y el martes?

SUSANA: ¿El martes? No... el martes es el día que dedico a lavarme el cabello a fin de lucir regia para mi grupo de jóvenes.

IRWIN: ¿Y el domingo por la noche?

SUSANA: Tampoco. Reunión de grupo en...

IRWIN Y SUSANA: *(al unísono)* la iglesia.

IRWIN: ¿Y cómo está tu mes de marzo?

SUSANA: Bueno, todavía no tengo ese calendario, pero sí sé que hay un retiro de los estudiantes de penúltimo año para el que necesito orar fervientemente y una cena con los estudiantes de la clase que se gradúa el 17. Chico, lamentablemente tengo la agenda llena.

IRWIN: ¿Sabes? Todas esas actividades están comenzando a sonarme realmente divertidas. Tal vez pueda ir contigo a alguna de ellas.

SUSANA: Disculpa Irwin, pero me tengo que ir... tu mamá está llamando. Adiós... y gracias por llamar. *(cuelga)*

IRWIN: *(mirando el teléfono)* A la verdad que Susana es bien religiosa. Me pregunto por qué mi mamá la estaba llamando.

FIN

CENA TEATRAL

ESCENA 1

Como una pareja que no tan solo habla ostentosamente, sino que también viste de un modo llamativo, el señor y la señora Bocina están ataviados con unos discordantes atuendos de poliéster. El cabello del señor Bocina está estirado hacia atrás y la señora Bocina usa un sombrero lleno de flores y anteojos con cristales ovalados. Ellos nos recuerdan cómo se vestirían los Berverly Hillbillies para un evento elegante. Ambos hablan lentamente y en un tono de voz alto. La pareja llega tarde al santuario y camina por el centro del pasillo hasta alcanzar el frente. Se viran hacia la congregación mientras continúan hablando muy alto.

SR. BOCINA: *(gritando)* Vamos a sentarnos más atrás por si acaso el pastor rocía cuando predique. Olvidé mi pañuelo hoy.

SRA. BOCINA: *(en un tono de voz tan alto como el de su esposo)* Juan Bocina, ¿cuántas veces te voy a decir que a mí me gusta sentarme al frente? Quiero escuchar al coro. Si no son tan buenos, pues estoy pensando que nos podríamos unir. Puedo ponerme alguna de esas togas aburridas. Y si el predicador fuera a rociar, te puedo dar pañuelos desechables *(saca un pañuelo desechable, y soplando fuerte y duro, se limpia la nariz con él, pasándoselo luego a Juan).*

SR. BOCINA: Oye, esta sí que es una iglesia fina (abre con torpeza el boletín de anuncios y las circulares salen volando). Mira qué muchas cosas hay en su boletín. Me gusta esta iglesia. ¡Aquí tendré muchos papeles para garabatear durante la predicación!

SRA. BOCINA: Deja ver eso. ¡Vaya, hasta papeles de colores tienen! Escucha esto. *(lee con lentitud y dificultad)* «El ministerio estudiantil presenta»... qué nombre tan elegante para un grupo de jóvenes. «El ministerio estudiantil presenta la Cena Teatral del Calvario, de 6:45 P.M. a 9:00 P.M. el 14 y 16 de febrero». Eso es el día de San Valentín y el sábado después, ¿verdad? Los boletos son a $9.50 por persona.

SR. BOCINA: ¡Yo gasto más que eso en la Plaza de la Repostería!

SRA. BOCINA: Sí, pero te comes la mitad de una tarta de postre.

SR. BOCINA: Bueno, tú te comes la otra mitad.

SRA. BOCINA: *(sigue leyendo con laboriosidad y dificultad)* «Por favor, acompáñanos durante una noche de delicia cul... cul... cul... ¿culiflor? No, no es eso... delicia culinaria y júbilo teatral».

SR. BOCINA: ¿Qué significa eso?

SRA. BOCINA: Significa que habrán escenas dramáticas breves y otras sorpresas después de la cena. *(Poco a poco, mientras lee sílaba tras sílaba)* «Una noche impecable para que veneres tus sentimientos de San Valentín».

SR. BOCINA: ¿¡Van a venerar aquí en la iglesia sus sentimientos de San Valentín?!

SRA. BOCINA: *(golpeándolo con su cartera)* ¡Yo soy la que voy a venerar mis sentimientos de San Valentín!

SR. BOCINA: ¿Y no dice qué van a comer?

SRA. BOCINA: «Le Menu, Poulet Grillé».

SR. BOCINA: Esa debe ser la cocinera, Paula Grillé.

SRA. BOCINA: Ris melangué, Ari cost verts aux cham... champiñó.

SR. BOCINA: ¿Qué rayos es eso?

SRA. BOCINA: Yo no sé qué son esas risas melás, pero creo que van a servir costillas con champiñón.

SR. BOCINA: ¡Santo Dios!

SRA. BOCINA: «Para reservaciones puedes llamar al 282-4612 o colocar un cheque en el plato de las ofrendas».

SR. BOCINA: Ellos siempre quieren un cheque en el plato de las ofrendas.

SRA. BOCINA: Cariño, ¿podemos ir a esa cena teatral?

SR. BOCINA: Por supuesto, mi corazón de melón.

SRA. BOCINA: Mira, hasta dicen algo de cómo debemos vestir. (leyendo) «Código de vestimenta; Por favor, viste lo más os... ten... to... so y lla... ma... ti... vo posible. Dale uso a esa corbata, a esos trajes de baile de la escuela superior y esa joyería de fantasía. Fomentamos el uso de lentejuelas».

SR. BOCINA: *(saliendo con su esposa)* Solo espero que tengamos qué ponernos. Es tan difícil ser ostentoso.

CENA TEATRAL
ESCENA 2

El Sr. y la Sra. Billetazo visten con apariencia de lujo. El Sr. Billetazo usa sombrero y bastón y una pipa apagada en su boca, mientras que la Sra. Billetazo lleva una cartera de lentejuelas, un abrigo de piel, un sombrero, guantes blancos y mucha joyería de fantasía. Su modo de hablar es lento, fuerte y arrogante. Exageran. Entran hablando por el pasillo central y caminan hasta que llegan al frente. Luego se vuelven hacia la congregación y continúan hablando alto.

SRA. BILLETAZO: Es tan difícil conseguir una iglesia merecedora de nuestra asistencia.

SR. BILLETAZO: Entiendo a lo que te refieres, querida. No había ni un solo BMW o Porsche en el estacionamiento. No obstante, lo que sobraban eran esas...

SR. Y SRA. BILLETAZO: *(con menosprecio y al unísono)*... ¡minivans!

SRA. BILLETAZO: A mí me decepcionó mucho el portero. Demasiado amigable. Me gusta que mi ayuda se vea, no que se escuche. Definitivamente deberían comprar uniformes para esos hombres. Esas pequeñas insignias que llevan puestas y que dicen «Anfitrión» me dan una sensación horrible de igualdad con los porteros.

SR. BILLETAZO: *(echándole un vistazo al boletín y a las circulares)* Estoy examinando este boletín de anuncios, pero no logro encontrar ninguna mención a algún club de polo masculino o de tenis.

SRA. BILLETAZO: Querido, tú no juegas tenis; además, eres alérgico a los caballos.

SR. BILLETAZO: Ese no es el punto, querida. La falta de estos dos métodos refinados de entretenimiento solo enfatiza la ausencia de elegancia, una ausencia que va en contra de nuestro sentido de la finura. Sin mencionar que, al asistir a esta iglesia, estaríamos rebajando nuestro estatus social.

SRA. BILLETAZO: Sin embargo, parece que hay una excepción, cariño. Pásame aquella circular de color. *(leyendo)* «El ministerio estudiantil presenta la Cena Teatral del Calvario».

SR. BILLETAZO: ¿Ves? Eso sí es un grupo prestigioso.

SRA. BILLETAZO: Sí, y parece que están auspiciando un evento profundamente cultural... «La cena se llevará a cabo de 6:45 P.M. a 9:30 P.M. el 14 y 16 de febrero. Costo: $9.50 por persona».

SR. BILLETAZO: Una planificación excelente. Podemos justificar el gasto como una inversión a favor de nuestro amor.

SRA. BILLETAZO: ¡Qué romántico! *(sigue leyendo)* «Por favor, acompáñanos durante una noche de delicia culinaria y júbilo teatral».

SR. BLLETAZO: Divino Creador, un poco de delicia culinaria no me vendría nada mal. Y ciertamente, disfruto mucho el teatro. Me pregunto si interpretarán a Shakespeare.

SRA. BILLETAZO: ¡Eso sería fabuloso! «Una noche impecable para que veneres tus sentimientos de San Valentín».

SR. BILLETAZO: Justo las palabras en las que estaba pensando, querida.

SRA. BILLETAZO: Y la comida suena absolutamente divina.

SR. BILLETAZO: Lee el menú, cariño.

SRA. BILLETAZO: No puedo. Está escrito en francés.

SR. BILLETAZO: ¡En francés! ¡Qué elegante!

SRA. BILLETAZO: Y mira, hasta acordaron un código de vestimenta para los plebeyos.

SR. BILLETAZO: Muy acertado por parte de ese grupo ministerial de estudiantes. Hasta me siento algo motivado a compartir un poco con los de clase baja.

SRA. BILLETAZO: Esta iglesia puede alejarnos de la arrogancia horrible que prevalece taaaanto hoy día.

SR. BILLETAZO: Gracias a Dios que no somos arrogantes, querida. *(ambos salen).*

CENA TEATRAL
ESCENA 3

Juan Solterón, un especialista fracasado en citas, es un nerd y no hay por qué dudarlo. Usa anteojos pegados con cinta adhesiva, camisa blanca metida por dentro a medias, cabello despeinado, una plétora de bolígrafos en sus bolsillos y pantalones acampanados. Un líder o estudiante presenta a Juan con estas palabras: «Esta mañana tenemos un anuncio especial cortesía del especialista en citas amorosas, Juan Solterón».

JUAN: *(nervioso y con embarazo se acerca al micrófono, tropezando justo cuando llega y casi tumbándolo)* Uno, dos, tres... probando... uno, dos, tres... ¿esto funciona? ¿Sí funciona? Bien... Me llamo Juan Solterón, la autoridad máxima en el tema de las primeras citas. He tenido más primeras citas que nadie en este mundo. Desafortunadamente, no he tenido una segunda cita todavía.

Muchos de ustedes pensarán que ir al cine es buena idea. Error. Primeramente, las palomitas de maíz son demasiado caras. En segundo lugar, tu acompañante puede compararte con los actores en la pantalla y dejarte bien plantadito. *(a la defensiva)* Ahora bien, no crean que esto me ha pasado a mí en particular, sin embargo, eh... sí le ha ocurrido a algunos de mis amigos más cercanos.

Otros prefieren ir a jugar bolos en la primera cita. No obstante, la pista de bolear tampoco es una buena opción para derribar las barreras del amor. Primera razón: puedes avergonzarte a ti mismo con un bajo promedio, aunque este no es mi caso; yo tengo un promedio de 68. Segunda razón: puedes avergonzar a tu pareja. Me parece que este es el caso con muchas de mis acompañantes. Por alguna razón, nunca les gusta que las vean en público. He llegado a la conclusión de que esto tiene que ver con sus pobres destrezas en el juego. Tercera razón: tu dedo pulgar se puede trabar y te verás arrastrado por la pista justo hacia a los bolos. Este momento deportivo no es nada placentero; sin embargo, cuando ocurrió dicho suceso en una cita reciente, mi bola y yo logramos derribar todos los bolos. Aun así, sostengo que aquellos que decidan ir a jugar bolos durante su primera cita van de seguro directo por la canal.

De modo que se preguntarán: «¿Qué es bueno entonces para una primera cita?». Me alegra que pregunten. Por favor, busquen la circular color rosa que está en sus programas. En ella se dan los detalles de, no tan solo la mejor cita, sino *(hablando con aquellos que ya han articulado sus votos nupciales)* de la mejor noche para reavivar el romance en sus matrimonios.

Por favor, lean conmigo cuidadosamente.

«El ministerio estudiantil presenta la Cena Teatral del Calvario». Una cena teatral está compuesta de un ambiente apropiado para parejas. Provee una oportunidad amplia para la conversación, así como diversiones entretenidas para esos momentos en que los temas de conversación van desapareciendo.

«De 6:45 P.M. a 9:30 P.M. el 14 y 16 de febrero». Eso es jueves y sábado. Otra razón por la que recomiendo esta cena teatral para su primera cita es que me he dado cuenta de que siempre es una buena idea tener una segunda alternativa a tu propuesta inicial. En el momento en que tu potencial acompañante piense en alguna excusa para no salir contigo el jueves, le puedes soltar la opción del sábado. Ya que es bien difícil pensar en dos excusas legítimas en menos de treinta segundos, probablemente podrás comprometer a tu posible cita para una de esas dos noches.

«El costo es $9.50 por persona». Esto es un negocio genuino. Ver una película e ir a McDonald's (una primera cita terrible, por cierto) te saldrá casi en $15 por persona si cada uno paga lo suyo (lo que recomiendo para una primera cita, ya que de nada sirve invertir en una relación que posiblemente no tiene futuro). El precio de $9.50 por cabeza de la cena teatral es mucho menos de lo que he tenido que pagar por la reparación de la pista de bolos.

Confío en que ustedes mismos leerán la información sobre la comida y el entretenimiento detallada en esta circular.

Fíjense especialmente en el final de la circular, donde explican cómo hacer la reservación. «Para reservaciones, por favor llama al 282-4612». Ese es el número de la iglesia. Cuando llames, una secretaria muy simpática te preguntará por la información que ves en la parte inferior de la circular. Por favor, no intentes invitar a salir a la secretaria. Ella está casada (algo sorprendente, considerando que ignoró mi consejo para su primera cita).

Otro método para registrarse es simplemente llenando el formulario que estás mirando ahora mismo y entregándolo en la oficina o colocándolo en el plato de las ofrendas.

Para concluir, me gustaría mencionar un detalle sobre las citas a ciegas. Me he dado cuenta de que las citas a ciegas constituyen una de las formas más efectivas de conseguir una cita. Soy miope, un defecto que ayuda mucho a las conversaciones. Solo ten cuidado de no pisar el gato de tu cita.

Esos son todos los consejos por el día de hoy. Hagan sus reservaciones pronto... ¡y que disfruten su cita!

FIN

MIRANDO HACIA ARRIBA

He aquí otra manera de atrapar la atención de los chicos en el momento de los anuncios: pega los anuncios o afiches al techo con cinta adhesiva o tachuelas. Los puedes colocar donde quieras: en los pasillos, en el salón de reunión de los jóvenes, o en cualquier lugar que se congreguen los estudiantes. Una vez que alguien empiece a mirar hacia arriba, poco a poco todos irán haciendo lo mismo. *Robert Garris*

CALENDARIOS

PUBLICIDAD A LO FRISBEE

Imprimir tus actividades de verano en un frisbee es una forma única de poner la información que quieres en las manos de tus chicos... ¡y que no la pierdan! Puedes encontrar una compañía local que reproduzca estos «Frisbees Informativos» o comunicarte con Custom Ad Design en Ohio, Estados Unidos, al 1-800-899-1620 o a través de su página web: http://www.ourworld.compuserve.com/homepages/jccowan.

El arte no necesita estar digitalizado ni listo para impresión. *Jay Firebaugh*

CALENDARIO EN UN PIZARRÓN

He aquí otra manera de crear un calendario mensual en un pizarrón que no es tan solo divertida de hacer, sino también de utilizar. Primero, compra una pizarra blanca grande y cinta adhesiva de colores para hacer líneas con ella. Usa la cinta para dividir la pizarra en treinta y cinco recuadros, como si fuese un calendario: siete horizontales y cinco verticales.

Usa marcadores de tinta seca para escribir las fechas y eventos que has planificado para el mes. Agrega clip art, fotos y otros artículos de modo que el pizarrón se vea más colorido e interesante.

Coloca el pizarrón donde todo el mundo pueda verlo, incluidos los padres. Llamará mucho la atención, y como se borra fácilmente, puedes usarlo una y otra vez.

Steve Redmond

ANUNCIOS DE GUÍA DE TELEVISIÓN

Imprime un folleto pequeño que parezca una guía de televisión de tu periódico local. Todas tus próximas actividades y las reuniones de cada mes pueden aparecer en esta guía como programas de televisión. Un poco de redacción creativa y sentido del humor hará que esta idea resulte un éxito con tus chicos. *Ray Wilson*

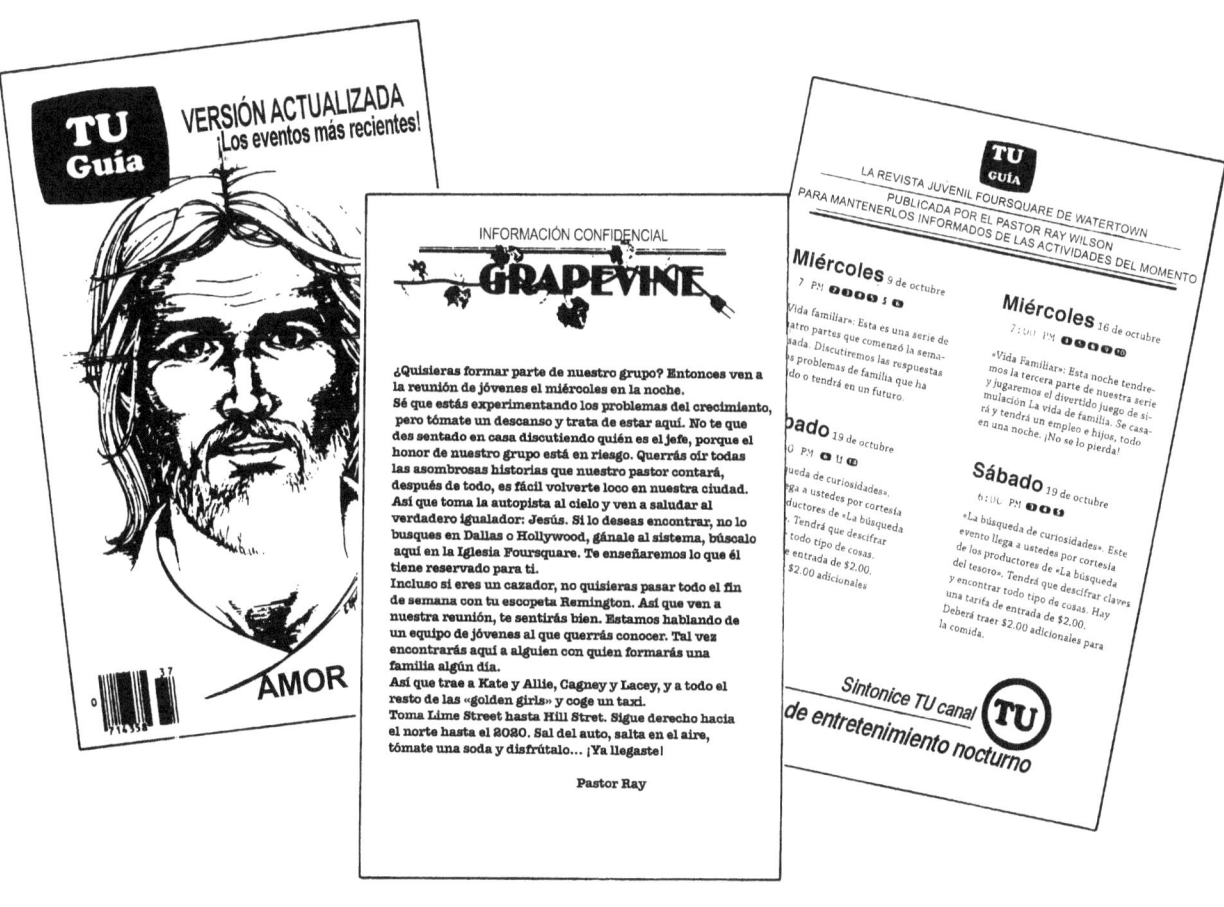

USANDO LAS CABEZAS PARA EL CALENDARIO DE VERANO

Los miembros de un grupo de jóvenes juntaron las cabezas para ver cómo podían promocionar su campamento de verano... ¡y decidieron que sus cabezas eran el lugar ideal para hacerlo! Comunícate con las imprentas de camisetas y pregunta si también trabajan con gorras. La mayoría lo hacen. Si no, comunícate con American Mills en Minnesota, Estados Unidos, al 1-800-876-4287 para precios y catálogos.

Luego que consigas una cotización razonable, usa una impresora láser para imprimir tu programa de verano. Luego, lleva el material impreso, el logo de tu grupo de jóvenes y algún clip art a la imprenta. Las gorras impresas con el logo de tu grupo y el programa ofrecen tremenda publicidad y a los chicos les encanta usarlas durante el verano.

Jay Firebaugh

CALENDARIO EN BOTELLAS DE AGUA

Sacia la sed de las actividades veraniegas de tus chicos al imprimir tu calendario de verano en botellas de agua o garrafas deportivas que puedes distribuir o vender entre los miembros de tu grupo.

Todo aquello que usualmente imprimes en una hoja de calendario (nombres y horarios de programas, fiestas, retiros, estudios bíblicos), imprímelo en las botellas. Añade algunas gráficas coloridas que coordinen con el color de la botella y la tapa. Incluye un nombre especial para tu grupo juvenil y haz que las botellas estén disponibles tanto para los miembros como los visitantes al comienzo de tu programa de verano.

Unas cuantas llamadas a las imprentas de tu comunidad deben ser suficientes. De lo contrario, comunícate vía Internet a http://www.targetgroup.com/mca/water/ultra.htm. *Jay Firebaugh*

LIBRO DE CUPONES DEL MINISTERIO JUVENIL

He aquí una alternativa para el calendario anual de actividades. Imprime un libro de cupones que contenga cupones para cada evento del año. Algunos de los cupones pueden ser simplemente anuncios, pero otros pueden contener descuentos para inscripciones en los campamentos u otras actividades. Para algunos eventos incluye cupones extra que puedas utilizar como folletos para repartir entre las amistades. Diséñalos como cupones reales y utiliza clip art, bordes elaborados, entre otras ideas. *Lyle Griner*

CALENDARIO DE BOLSILLO

Diseña un calendario de bolsillo con colores brillantes que contenga todas las fechas futuras de las actividades, tanto de la iglesia como del grupo juvenil.

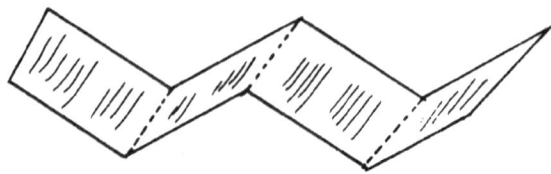

Longitud total 23 centímetros (doblado en pliegues de 6 x 9)

Esto ayuda a prevenir muchos conflictos a la hora de la programación eclesiástica local y mantiene al tanto de los eventos a niños, jóvenes consejeros y padres. *George Murray*

ANUNCIOS LOCOS

Para darle vida a tu calendario mensual o boletín de noticias, solo añade uno que otro evento falso. Entre la información seria, añade un evento ridículo e imposible que pueda engañar a alguien por unos cuantos segundos al momento de leerlo: como mínimo, esto provocará que los estudiantes le presten más atención a tus comunicados. La idea puede añadir algo de chispa y entusiasmo a tu grupo a medida que anticipan tu próxima travesura. Aquí te dejo algunos ejemplos:

- Domingo 31 de junio: Gira nocturna a Iceberg, Texas. Excursión al Museo del Iceberg petrificado; salimos de la iglesia a las doce del mediodía y regresamos cuando haya gasolina disponible; trae una tarjeta VISA y todos los enemigos que quieras.
- Sábado 18.5 de agosto: Paracaidismo en el parque Hines. Traiga paracaídas (o una sombrilla reforzada) y su propio almuerzo. Nos encontramos en la iglesia (para la oración). La transportación será cortesía de la casa fúnebre Schrader y Traficóptero 95. Estamos listos cuando tú lo estés. *John Elliott*

PUBLICIDAD ENLATADA

Imprime el calendarios de actividades como etiquetas para pegarlas a latas de aluminio (mira el ejemplo más adelante). Compra latas vacías al por mayor en alguna fábrica de empaque local. Puede que las consigas con tapas removibles, lo que permitiría que las latas también funjan como alcancías a fin de ahorrar dinero para los eventos.

Exhibe todas las latas en la reunión del grupo de

jóvenes, acomodadas como si estuviesen dispuestas en los estantes del supermercado, y distribúyelas luego a los chicos. Las posibilidades de que pierdan sus calendarios cuando se los llevan a casa, como suele suceder, serán mucho menores. *David Gilbert*

VOLANTES

¿PUEDES ESCUCHAR ALGO CAER?

Para promocionar una fiesta de bolos de un grupo de jóvenes, utiliza los volantes en forma de bolos que hallarás en la página 64 con el mensaje: «¿Puedes escuchar algo caer?». Incluye la fecha, la hora y el lugar. Coloca el volante dentro de un sobre en el que aparezca escrito en la esquina superior derecha: MÁXIMA ATENCIÓN. *Dave Coryell*

TARJETAS DE FÚTBOL

Esta es una buena idea para realizar actividades de alcance, relacionarse con las escuelas locales e identificarse como grupo. Imprime calendarios de fútbol tamaño carta cada otoño para la escuela superior de tu localidad. Utiliza los colores de la escuela.

En la parte posterior, escribe la información acerca de tu grupo juvenil, un número de teléfono al que los chicos puedan llamar, y tal vez un pequeño plan de salvación. Permite que estas tarjetas estén disponibles para la distribución en la escuela y que tus chicos las repartan a sus amigos. *Bobbi Cordy*

```
        LOS MUSTANGS DE MERRITT ISLAND
              Calendario de fútbol 2010
       En casa                      Afuera
Sep 23 Miami Columbus        Sept 9  — Titusville
Oct 7  — Abierto             Sept 16 — Cocoa
Oct 14 — Satélite            Sept 30 — Eau Gallie
Nov 4  — Jax. Raines*        Oct 21  — Lakeland
Nov 11 — Martin County       Oct 28  — Melbourne
Nov 18 — Vero Beach          *Regreso a casa de los Mustangs
  1. Dios tiene un plan para tu vida.              Juan 10:10
  2. El hombre se encuentra separado de Dios.      Romanos 6:23
  3. Jesús es el único camino a Dios.              Juan 14:6
  4. Debemos recibir a Jesús por medio de una invitación personal.  Juan 1:12
     Puedes recibir a Jesucristo justo ahora por fe a través de la oración.

                      EL CRUCE
            Una experiencia de adoración juvenil
                PRIMERA IGLESIA BAUTISTA
             140 Magnolia Ave. Merritt Island, FL 32952
```

```
Cubierta sencilla

verano del '97

Peso Neto 30 oz. (1 lb. 14 oz.)

Distribuida por:
Iglesia Piedra Angular
Grupo del penúltimo año de
la escuela secundaria

Oficinas administrativas
Calle Margarita 28722
Vieja Misión, California
(714) 831-3366

INFORMACIÓN NUTRICIONAL
Estilo de vida.......... domingo 10:39 A.M.
Estudio Bíblico........ miércoles 7:00 P.M.

ADITIVOS
26-27 MAYO - Vigilia
5 JUNIO - Fiesta en la piscina
8 JUNIO - El mega alboroto
25 JUNIO - El súper miércoles
14-20 JULIO - Río Hume
19-28 JULIO - Cruzada de Billy Graham
2 AGOSTO - Noche de juegos de mesa
7 AGOSTO - Cacería humana
17 AGOSTO - Montaña mágica
6-7 SEPTIEMBRE - La supernoche
extendida del viernes

NUESTRA MISIÓN:
1. Guiar a los estudiantes a una relación
personal con nuestro Señor Jesucristo vivo.
2. Nutrir en la fe a nuestros estudiantes, de modo
que puedan compartir lo aprendido con un mun
do sumido en la confusión y la búsqueda.
3. Enviar a los estudiantes a otras partes del
mundo para que sirvan a Jesucristo.
```

FORROS PARA LIBROS

Para promocionar a tu grupo juvenil, imprime algunos forros atractivos para los libros de texto de tus chicos. Ingenia un diseño frontal que le guste a los jóvenes y coloca el nombre y el logo de tu grupo juvenil en la parte posterior. Imprime suficientes para que los chicos del grupo puedan repartirles también a sus compañeros de clase.

Robert Crosby

PROMOCIÓN DE PIZZA

Aquí te presentamos una idea para una circular en forma de pizza:

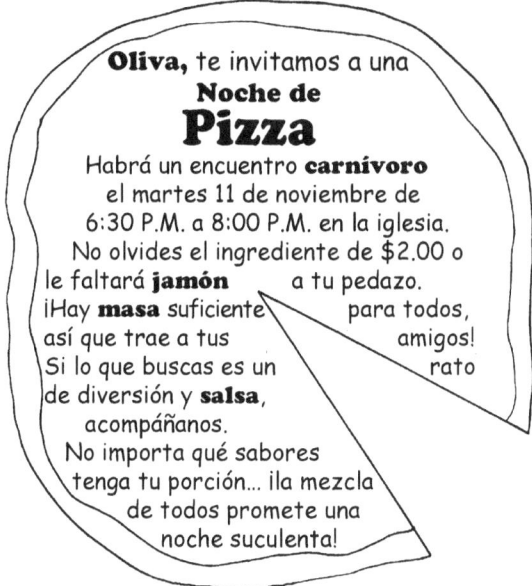

Carolyn Roddy

RAZONES POR LAS CUALES...

Imprime un folleto que se divida a la mitad. En la parte frontal de la tarjeta imprime el escrito: «Razones por las cuales NO debes asistir a (el nombre de la actividad)»: Cuando los estudiantes abran la tarjeta, el interior estará en blanco. Los detalles de la actividad se escribirán en la parte posterior. *Dave Gallagher*

BOLETÍN DE ACCIÓN

Para promocionar tus reuniones de forma única, diseña un folleto que se doble a la mitad, como te mostramos más adelante. La parte frontal puede tener lo que quieras, mientras que sea algo atractivo y que motive a los chicos a abrirlo y mirar dentro. En la parte interior, imprime un surtido de rompecabezas, juegos, trabalenguas y alguna otra cosa que puedas imaginar. En la parte posterior de la tarjeta, imprime todos los detalles de las próximas actividades.

Esto no tan solo transmite tu mensaje, sino que también les ofrece un desafío a los chicos. Para añadirle

diversión, provee las respuestas de los rompecabezas en la reunión y entrega premios al que responda todo correctamente.

FOLLETOS DE TARJETAS CONTEMPORÁNEAS

Los folletos exitosos no solo transmiten el mensaje, sino que contienen una broma o un cuento humorístico para guiar al lector a la publicidad. Una idea es imitar a las tarjetas de felicitación contemporáneas, aunque no tienen que ser del mismo tamaño. La parte frontal de la tarjeta contiene la frase inicial, mientras que la parte interior tendrá la frase clave o el chiste. La parte posterior de la tarjeta se puede utilizar para el anuncio.

Después que escribas el borrador, permite que alguien diseñe el arte. Luego lleva el trabajo a una imprenta o imprímelo tú mismo desde tu computadora. Un buen tamaño para este tipo de folleto es la mitad de una hoja tamaño carta, doblada a la mitad. Eso hará que la parte frontal del folleto mida 12 x 10 centímetros.

BOLETO DE CORTESÍA

Puedes aumentar la posibilidad de llamar la atención de una buena cantidad de gente para un evento especial si imprimes un boleto de cortesía. Utiliza el boleto de la misma manera que utilizas un volante. La psicología ha comprobado que un boleto de cortesía llama más la atención que una circular o un anuncio. Aun cuando no haya un costo por la entrada, un boleto de cortesía les da la impresión a las personas de que tienen algo valioso en sus manos.

Utiliza los modelos que te ofrecemos en la página 68 para diseñar los tuyos. Solo tienes que incluir todos los detalles de tu evento en el espacio en blanco, ya sea de forma vertical u horizontal. Puedes contratar a un tipógrafo para que componga la información, crear el boleto en tu propia computadora, o contratar a un artista para diseñar un boleto atractivo.

CORREO DIRECTO

SOBRES PUBLICITARIOS

Casi todas las semanas le das una mirada a la pila de revistas viejas que tienes acumuladas en un rincón de tu oficina. Nunca las usas, pero tampoco consideras echarlas a la basura porque, bueno… nunca sabes cuándo les podrás dar uso.

Aquí te ofrecemos una idea para utilizar de inmediato al menos las páginas publicitarias coloridas, en especial aquellas que encuentras en las revistas de música cristiana. Corta las páginas con cuidado y dóblalas en forma de sobres para enviar anuncios de actividades especiales. Cada miembro del grupo juvenil recibirá sobres llamativos, personalizados y a la medida. *Len Cuthbert*

MENSAJES CODIFICADOS

¿Necesitas una nueva estrategia para llamar la atención de los jóvenes? Adquiere un programa para computadoras o un juego de caracteres que imprima símbolos especiales u otros idiomas, y envíale el mensaje codificado a tus chicos. En dichos programas cada letra en el teclado se co-

rresponde con uno de los caracteres especiales (fíjate en el diagrama). El mensaje escrito de forma usual se ve como la oración que preparaste, pero se reproduce por medio de los símbolos o caracteres especiales. Asegúrate de incluir en la tarjeta dónde los chicos pueden ir para descifrar el mensaje: con regularidad será a la reunión del grupo juvenil. No olvides llevar la clave para descifrar el código cuando se reúnan. *Greg Miller, Bob Mabry, y Paul Franceschini*

TARJETAS DE LLAMADAS

Piensa en nombres divertidos o sencillamente en algún nombre raro de alguna empresa u organización que preceda a tu dirección. Las sonrisas que generarás pueden lograr aumentar la cantidad de tus lectores. Intenta algo como esto:

**Ministerio de Gusanos Ungidos, Inc.
1217 Paseo S. Carrier
Gran Pradera, TX 75071
«Si Dios puede usar a un gusano, te puede usar a ti». Lee Jonás 4:7**

Aquí te presentamos más ejemplos:
- Sede Internacional Elvis está Vivo (usa esto para tus fanáticos de Elvis).
- Sede Internacional Mozart Vive (usa esto para tus fanáticos de música clásica).

O en vez de algo cómico, puedes añadir un toque afirmativo al sobre:

**Diseñadores de Melodías Maravillosas
Hill Reynolds
Box 111
Littleton, IN 68071**

Algunos otros ejemplos de mensajes afirmativos:
- Abuelos maravillosos
- Pat «el paciente» Buscalío
- Harry «ayudante» Hines
- Gene «el gentil» Smith

Por supuesto, se deben evitar comentarios peyorativos, negativos u ofensivos acerca de la apariencia física de una persona, su conducta, sus hábitos, su familia o su origen cultural (Mark «carnicero» Dormer). Tampoco queremos adular, así que asegúrate de que la afirmación sea veraz y precisa. Solo escoge afirmaciones que puedas apoyar con razonamientos, ya que los chicos pueden pedir evidencia de las virtudes que les adjudicas. *Roger Haas*

CORREO ROMPECABEZAS

Este pequeño recurso es buenísimo para involucrar a los nuevos integrantes, hacer que los que llevan tiempo en el grupo se sientan especiales y lograr que los miembros inactivos participen. La próxima ocasión que inventes una fiesta o evento especial, compra un rompecabezas y adjunta una pieza a cada invitación que envíes. Explica cómo cada persona hace una contribución única al grupo y que cada pieza del rompecabezas representa a un individuo.

Pídeles a los chicos que traigan su pieza del rompecabezas para armarlo el día del evento. Las piezas que falten, y las personas, se notarán.

Esta idea estimula la asistencia al hacer que los chicos se sientan bienvenidos y les proporciona una tarea importante al inicio del evento. *Sylvan Knoblock*

PUBLICIDAD EN ROMPECABEZAS

Convierte una circular monótona en una experiencia intelectual. Imprime una circular regular con una caricatura o dibujo y utilizando muchas palabras. Luego, corta cada circular en pedazos similares a piezas de un rompecabezas. Envía por correo el rompecabezas revuelto a cada uno de los chicos. Ellos deberán armarlo a fin de leer el anuncio.

Christopher Snow

TARJETAS POSTALES SONRIENTES

Una manera de hacer tu propio anuncio espectacular es imprimiendo tu mensaje como de costumbre, haciendo una retro-transparencia, y colocando la transparencia en la fotocopiadora para que copie el mensaje al revés.

Rick Jenkins

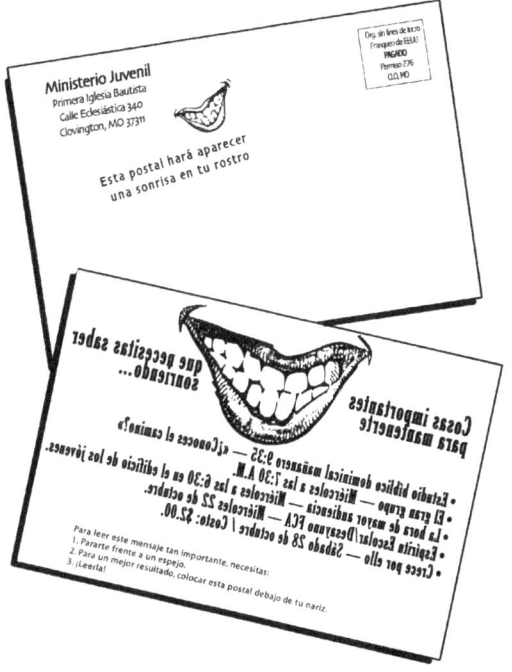

UNA CARTA DESDE LEJOS

Los adolescentes se impresionan mucho cuando reciben una carta de alguien que vive en un país extranjero. Pídele a alguien que conozcas en otro país que les envíe por correo a tus chicos una carta que anuncie algún evento próximo.

Próveele las direcciones de los muchachos y dinero para gastos de envío a la persona que enviará por correo las cartas.

Esta es una idea apropiada en especial para una reunión con énfasis misionero. Los misioneros pueden escribir notas para urgir a los chicos a asistir a la reunión... o mejor aún, a visitar sus países. Si reciben alguna carta con algún sello postal de algún sitio como Zimbabwe u Honduras, con seguridad llamará la atención de los chicos. *Frank Riley*

CORREO AÉREO

¿Quisieras recordarles a tus chicos los compromisos que hicieron en el último retiro? ¿O algún gran evento próximo?

No busques más, aquí está la manera más cautivante de enviarles unas notas cortas a tus chicos. Infla un globo de color claro y amárralo con un sujetapapeles o una banda elástica para que no se desinfle fácilmente.

Escribe tu nota en el globo con un bolígrafo permanente de punta fina (para evitar que la tinta se corra). Puedes usar palabras como ínflate, correo aéreo, mucho aire caliente, etc. Desinfla el globo y envíalo por correo. Cuando tus chicos reciban las notas en los globos, harán una de dos cosas: o intentarán leerlas con una lupa o tendrán que inflarlos. Lo que sí es seguro es que no van a olvidar el mensaje. *John Blackman*

FOLLETOS GRATIS

La próxima vez que planifiques un gran calendario de actividades para enviarlo por correo a los miembros de tu grupo, comunícate con algunos establecimientos que podrías patrocinar a fin de conseguir sus folletos publicitarios gratis. Los parques de entretenimiento, las áreas recreativas, los pueblos y las ciudades, los campamentos, restaurantes y hoteles, con frecuencia imprimen folletos atractivos y coloridos que puedes añadir a los sobres de correo para generar interés y entusiasmo. *David Mahoney*

CARTA REVUELTA

Envía tu próxima circular en la forma de una carta revuelta. Primero, escribe tu carta en una computadora y numera las líneas. Haz una copia de la carta con la que puedas trabajar, pero deja la carta original intacta. Luego, altera el orden de las líneas con o sin los números, en dependencia de cuán desafiante quieres que sea la lectura. Incluye instrucciones y envíala por correo.

¿Por qué estás recibiendo una carta desordenada? Porque sé que puedes manejar un desafío. Solo lee las líneas de la carta en orden numérico para que te enteres de los próximos eventos en la agenda de nuestro grupo.

Bueno, comienza a leer. Cada línea está numerada para mostrarte cuál será la próxima. Encuentra la primera línea y luego sigue por tu cuenta.

15. te gustará estar con nosotros. Ah, y si te inscribes a tiempo (para el 31 de mayo) y asistes a los

2. de que nosotros hacemos las cosas de forma poco convencional en la Escuela Bíblica de

5. terminaron pasando un buen rato. Hacemos nuestras propias cosas en nuestro propio espacio. Incluso

13. fotografía tridimensional para tu cuarto. Está súper y

8. jugamos voleibol y comemos donas, pizza y otros refrigerios. Algunas

1. Pues sucede que hemos escogido esta carta inusual para intentar convencerte

10. decidir qué hacer). Por supuesto, también tenemos lecciones bíblicas. Esa es la esencia de

16. cinco días de la EBV, serás candidato para ganar un reproductor portátil de CDs.

12. hasta los ratones de la iglesia se quedan escuchando. Nuestra manualidad este año es una

14. puedes personalizarla si quieres. Inténtalo; pensamos que

4. han asistido antes a esta escuela. Hasta los más gruñones

7. niños pequeños. Hasta hacemos nuestra propia música. Además, nos vamos de gira,

3. Vacaciones del grupo de penúltimo año. Si no nos crees, solo pregúntales a algunos de los chicos que

9. veces vamos a jugar bolos, golf en miniatura, o a algún parque estatal (puedes ayudar a

11. la EBV, pero Mark no es el típico predicador aburrido y latoso, y

6. el misionero viene con nosotros en vez de quedarnos sentados con todos los

Ven únete a nosotros,
    Mark Mathews
    Connie Flick
    Connie Hamilton

Connie Hamilton

ESO ES INCREÍBLE

Lista estos, u otros datos increíbles, junto con la información de los futuros eventos la próxima vez que imprimas una circular o un memorando para tu grupo. Tu lista puede verse como algo así:

¡Todo lo siguiente es total y absolutamente cierto!
- **Usar sujetadores es ilegal en Nogales, Arizona.**
- **Según las estadísticas, tus posibilidades de ser asesinado es una en veinte mil.**
- **Cuarenta por ciento de los adultos estadounidenses no pueden llenar una hoja bancaria de depósito correctamente.**
- **Durante su vida en la tierra, el estadounidense promedio comerá 20,932 huevos y 4.1 toneladas de patatas.**
- **El aceite de transmisión automática en casi todos los automóviles es aceite de ballena.**
- **El adulto promedio tiene hierro suficiente en su cuerpo como para hacer una uña de dos pulgadas.**
- **Se ha comprimido un Volkswagen en un cubo de dos pies para que sirva como una mesa de café para una pareja de Mahtomedi, Minesota.**
- **Las ratas son fastidiosamente limpias. El calificativo «rata sucia» difama a estos nocivos peludos. Y, para añadir, las ratas no se mencionan en la Biblia.**
- **Hacerle cosquillas a una niña es ilegal en Norton, Virginia.**
- **Nuestra reunión AJN* será esta semana en casa de Lauren Butler y comenzará a las 7:01 en punto. Aquí tienes un mapa que es totalmente fiable.**

*Asuntos de Jueves en la Noche, donde te enteras de los hechos de la vida... ¡y más! *Len Woods*

PREMIOS POR CORREO

¿Te cuestionas si la propaganda que envías por correo se lee en su totalidad? Intenta incluir una competencia que requiera que los chicos te informen sobre datos importantes del boletín.

Por ejemplo, imprime en tu propaganda que la persona que sea la decimoquinta llamada a cierto número de teléfono después de las 3:30 P.M. el lunes 18 de octubre (puedes usar cualquier día y cualquier fecha) ganará una pizza, un álbum, boletos para un concierto o cualquier otro premio. Todo aquel que llame también deberá responder ciertas preguntas con relación a las próximas actividades anunciadas en el boletín. Muchos de los chicos leerán el boletín completo para obtener las respuestas y hacer la llamada. ¡Mientras mejor sea el premio, más se leerá tu propaganda! *Todd Wagner*

«TE EXTRAÑAMOS»

Aquí te presentamos una serie de cartas humorísticas para que envíes cuando tus chicos faltan a la Escuela Dominical o las reuniones juveniles. Asegúrate de estar al tanto de a quién le mandas las cartas para que no envíes duplicados. Y no olvides escribirle una carta ocasional de apreciación a

---

Querido tú que te pierdes los misterios maravillosos:

Dado el hecho (sin importar que un hecho se pueda ver por completo de otra manera y que no se permita confundir el asunto)... Por supuesto, un asunto debe tener algo de inteligencia para confundir, ya que cualquier objeto inanimado o concepto abstracto ciertamente no es capaz de tener pensamiento, y por lo tanto no puede confundirse. Deberías sentir un gran placer (me pregunto si te es posible sentir el placer, aunque bueno, eso no importa sabiendo que no eres inanimado, ya que estoy bien seguro de que para este momento debes estar completamente confundido) de que tu presencia se haya extrañado, una situación solo posible en conjunción con la ausencia de tu persona o cuerpo, puesto que no eres un dios y no puedes tener tu presencia presente en ningún lugar donde la presencia de tu persona o la presencia de tu cuerpo no esté presentablemente presente. Sentí que era una obligación, o tal vez debería decir compulsión, ya que la emoción que produjo esta carta se podría describir, de forma más precisa, como una compulsión más que una obligación. Y, por favor, no te asustes, que la producción por costumbre está relacionada con los peces dando a luz. Ya me he tomado grandes libertades (¿es posible?) en esta carta para invitarte a que nos acompañes esta semana de nuevo.

Nos vemos,
    Greg

P. D. - Un premio le espera a cualquiera que pueda determinar correctamente el mensaje de esta carta.

Querido estudiante de los misterios escondidos del eternamente relevante y vitalmente dinámico mensaje de Dios a la humanidad; en otras palabras... Querido joven:

Probablemente no notaste el éxodo masivo que tuvo lugar la semana pasada... sobre todo porque no estuviste allí para percatarte de que tú y algunos otros no estuvieron presentes.

Bueno, conociendo que eres una persona consciente, estoy seguro de que has estado castigándote de forma severa por la angustia tremenda que he estado experimentando debido a tu ausencia. Conociendo también que, básicamente, eres de corazón noble y no eres capaz de armar un escándalo, sospecho que probablemente no me informarás sobre la verdadera razón de tu ausencia.

Por lo tanto, proveo la siguiente lista de excusas, las que suman las cinco razones más comunes por las que una persona puede faltar a la escuela bíblica. Solo marca la opción apropiada y entrégamela personalmente (doblada, por supuesto, para no saber de quién es) este domingo cuando regreses a clase.

❑ 1. La alfombra desentonaba con tu atuendo la última vez que asististe y era lo único que podías hacer para evitar quitarte la ropa y armar un gran espectáculo.
❑ 2. Cada vez que piensas en volver a clase por última vez, escuchas una vocecita en tu cabeza que te dice: «El diablo me obligó».
❑ 3. Desde el momento, hace varias semanas atrás, que comenzamos a hablar de los ángeles, te has muerto de miedo pensando en que Dios te daría tus alas por adelantado y le dejaría saber a todos que tú eres uno.
❑ 4. Alguien más también puso un dólar en las ofrendas y sabías que no tenías suficiente para dar dos dólares la próxima semana, a fin de volver a ganar tu sentido de superioridad.
❑ 5. Descubriste que la pizarra era verdaderamente verde y no pudiste soportar tanta hipocresía en la iglesia.

Cualquiera que fuera la razón, te extrañamos en la clase.

Nos vemos el próximo domingo,
 Greg

Querido imitador ilustre de información importante:

Fui inspirado a instituir una investigación intensiva dentro de un incidente intrigante de importancia infinita como resultado de tu insistencia en permanecer invisible en el instituto de instrucción: la escuela bíblica.

Bajo tal increíble inspiración, inicié esta interrupción interesante a tu invisibilidad insidiosa y enfermiza con la esperanza de intervenir e incapacitar cualquier incidencia creciente de invisibilidad e incitarte a incorporarte con nosotros esta semana en el instituto de instrucción.

Espero inestimablemente que esta información no sea inconsecuente con el interés impresionante e inmediato de involucrarte invariablemente en nuestro impresionante e incomparable instituto.

Inspiradamente a tu servicio,
 Greg

aquellos que siempre están presentes. *Greg Thomas*

Querido juerguista resplandeciente en la revelación remarcable:

Recientemente revisé la lista de registrados que regularmente reciben las remarcadas revelaciones que recurren sin rareza todas las semanas en la Escuela Dominical.

Al reevaluar los resultados, me di cuenta de que te resististe al reconocimiento el pasado domingo al remover el único recurso real de reconocimiento que retenemos: tú mismo. Para ayudarte a resistir una repetición de tu recurso repremible y recalcitrante (lo cual, realmente, tendría como resultado tu voraz ruina), reuní a mis recursos, reavivé mi solución y escribí esta carta ridícula para reafirmar que te extrañamos y que realmente aceptamos tu determinación de reaparecer esta semana sin renuencia.

Recalcitrantemente tuyo,
 Greg

CORREO EN BOLSAS DE PAPEL

Puedes enviar bolsas de papel para empacar la merienda por correo. Engrapa la parte abierta, escribe la dirección a un lado y tu mensaje al otro (o colócalo dentro de la bolsa). He aquí algunas ideas para los mensajes: «No olvides esta bolsa el próximo domingo», «Esta bolsa se puede utilizar para envolver un pescado o invitarte a una sesión musical», o «Infla esta bolsa y luego hazla estallar: adentro encontrarás cuál será el evento de la próxima semana».
Marjorie Walsleben

ADVERTENCIA DE ANUNCIO

Envía una tarjeta postal un día con el siguiente mensaje: «Mañana recibirás una tarjeta postal. Léela». Está garantizado que cuando el cartero traiga la segunda tarjeta postal al próximo día, los chicos estarán esperándola con ansiedad.
Patsy Quested

TARJETAS POSTALES PERSONALIZADAS

Aquí tienes una manera fácil de preparar tarjetas, papeles y sobres de cartas personalizados. Primero, consigue algunas revistas que tenga buenas imágenes. Las revistas que se imprimen en un papel grueso funcionan mejor, ya que la tinta no se verá de ambos lados. Las imágenes a color se ven mejor contrastadas con el blanco del sobre donde pegarás la imagen.

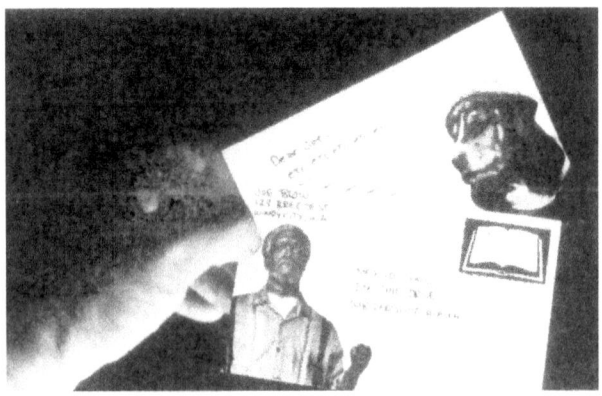

Escoge una foto que quieras usar. Usa un poco de tu juicio creativo para escoger algo interesante y del tamaño apropiado. Con frecuencia es mejor usar alguna imagen que sea más grande que el sobre y así la puedes reducir al tamaño que quieras. Luego, córtala con una navaja de precisión (es muy difícil obtener un buen resultado con tijeras). Más tarde pegarás la imagen al sobre, el papel de cartas o la tarjeta (con un pegamento de secado invisible) o un rociador adhesivo (disponible en tiendas). Espera a que seque y con mucho cuidado corta las orillas que sobresalen del papel (fíjate en el diagrama). ¡La nitidez cuenta!

Debido a que todo este proceso envuelve el uso de instrumentos filosos, no se recomienda para niños pequeños ni tampoco para adolescentes sin supervisión. Sin embargo, con un poco de cuidado, paciencia e ideas, casi cualquiera puede crear papeles y sobres de correo únicos para el uso personal o algún regalo. Por cierto, esta también es una buena forma de utilizar esos viejos sobres que tienes arrinconados, ya sabes, aquellos que tienes posdatados. ¡Solo tienes que cubrirlos con una buena imagen!

Brian Buniak

1. Corta las figuras que quiera con una navaja de precisión.

2. Coloca pegamento en la pared posterior. Recuerda, menos es más.

3. Coloca la image de tal forma que traspase los bordes del sobre. Déjala secar.

4. Recorta con cuidado. Sabía sugerencia: si planificas enviara el sobre por correo, asegúrate dejar espacio suficiente para la estampilla y la dirección.

PRUEBA DEL CI DEL GRUPO DE JÓVENES

Une la columna de la izquierda con la de la derecha según corresponda:

1. Última reunión
2. Hogar de Lippo
3. Axilas sudorosas
4. Lunes, 16 de diciembre
5. Dice «Ja ja ja ¡clank!»

a. Ubicación de la próxima reunión
b. Antes de las Vacaciones Navideñas
c. Hombre que se ríe violentamente
d. Nuestro director juvenil
e. Nuestra próxima gran fiesta

Resultado: 5 respuestas correctas—eres un genio; 4 respuestas correctas—estás sobre el promedio; 3 respuestas correctas—promedio; 2 respuestas correctas—busca ayuda; 1 respuesta correcta—ni la ayuda te ayudará; ninguna respuesta correcta—estado vegetal.

Sin importar tu condición, hay un lugar para ti en nuestro próximo evento. Nos veremos ESTE LUNES EN LA NOCHE en la casa de Lonnie Lippo, Calle Vista Sombrero 4801; comenzaremos a las 6:33 P.M. en punto. ¡No faltes!

Tu amigo

Si pensaste que nuestra

ÚLTIMA REUNIÓN

fue buena, deja que disfrutes de esta....

¿Qué es lo que hace «Jo jo jo... ¡bum!»?

Respuesta: Es Papá Noel muerto de la risa..

Muérete tú de la risa en nuestro próximo _____, el miércoles en la noche a las 6:30 P.M. ¡No te lo pierdas!

Querido estudiante:
Un chequeo rutinario de los registros de la escuela ha dado a conocer que usted fracasó en completar el grado preescolar. Por lo tanto, debemos notificarle sobre el Reglamento Municipal 55-2938,11:

«EL PREESCOLAR DEBERÁ SER COMPLETADO POR CADA UNO DE LOS RESIDENTES DE ESTA COMUNIDAD. ESTE REQUISITO OBLIGATORIO PARA UN PERMISO DE RESIDENCIA NO SE PUEDE EVADIR BAJO NINGUNA CIRCUMSTANCIA».

Su carencia de una certificación de preescolar nos impulsa a ordenarle que se reporte a la oficina de registros de preescolares el primer MIÉRCOLES antes de que comience el próximo semestre. Sin embargo, considerando lo avanzado de su edad, no será necesario que traiga a su mamá con usted. La matrícula para este próximo semestre comienza este MIÉRCOLES en la noche.

A quien pueda interesar:
   La Oficina de Contabilidad de Multas de Tránsito desea informarle que sus archivos indican un sobrepago de su parte en multas de tránsito.
No podemos rembolsarle este sobrepago; sin embargo, puede hacernos un favor llevando a cabo otra violación inmediata a las leyes de tránsito para así poder lograr un balance en nuestros libros.
Por lo tanto, le sugerimos que se apresure a la próxima gran reunión de _____.

¡FELICIDADES!

¡Eres uno de los afortunados ganadores de nuestra emocionante competencia GÁNATE UN DÓLAR! Enviaremos tu premio por separado. Sin embargo, si no recibes tu dólar para el próximo martes en la noche, trae esta tarjeta a la Reunión del Ganador en casa de Kathy Hoaky, el martes en la noche a las 7 en punto.

¡SEXO!

Ya que logré capturar tu atención, quisiera recordarte que la semana próxima (el nombre de tu grupo) presentará un programa :

LO QUE ESTÁ BIEN SOBRE LA SEXUALIDAD

Si encajas en alguna de las siguientes categorías, necesitas venir. Marca aquellas que se apliquen a ti:

_____ Tú y tu pareja alquilaron una película el fin de semana pasado y no puedes recordar qué película viste.
_____ Hubieses querido tener a Mace como tu última cita.
_____ Te presentaste en el programa de Ricky Lake para discutir tu sexualidad.
_____ A tu novio/a le gusta salir en grupo (de 50 personas o más).
_____ Crees fielmente en liarse durante la primera cita.
_____ Agarrarse de manos te excita.
_____ No sabes cómo deletrear SEXO.

Y aunque no encajes en ninguna de las categorías, sí lo harás en (nombre del grupo). ¡La reunión comienza a las 7:00 P.M. en punto!
¡Nos vemos allá!

Tu líder juvenil

LA CARTA MULTIUSOS
(Marca uno en cada categoría)

Querido/a/s:
_____ Abuela
_____ Dedos
_____ Elvin
_____ Libertino

Solo quería decirte que he estado:
_____ velando mi peso.
_____ enamorado/a de mi maestra/o de historia por los últimos dos años.
_____ metiéndome los dedos en la nariz mientras pienso en ti.
_____ lavando mis medias.

Después que leas esta carta, espero que:
_____ todavía quieras llamarme Pupsi.
_____ te otorguen pronto tu libertad condicional.
_____ te laves los dientes.
_____ te caigas de la ventana del tercer piso más cercana.

Bueno, ya debo terminar porque:
_____ no conozco más palabras trisilábicas.
_____ necesito estudiar para mi examen de aeróbicos.
_____ mi madre me va a vestir.
_____ me está sangrando la nariz.

Firma:
_____ Astuto Stallone
_____ Mamá Osa, Papá Oso y Bebé Oso
_____ tu mamá
_____ Un duende Keebler

P.D. (evento) próximo domingo en la noche, a las 6:30 P.M. en la iglesia.

PRUEBA DEL COEFICIENTE INTELECTUAL PARA LAS FIESTAS

Aquí está tu propia copia de la Prueba del C.I. para las Fiestas, la cual determinará cuán divertido serás en una fiesta e indicará las áreas que necesitas mejorar. Responde a las siguientes preguntas con un «cierto» o «falso» (circula tu respuesta):

- Dar un beso es cuando agarras la mano derecha de otra persona y le das un vigoroso apretón.
Cierto/Falso

- La mejor manera de comportarte en una fiesta es pegarte a una pared, con un pie contra el muro, luciendo calmado.
Cierto/Falso

- La forma más aceptada de obtener más salsa para tus chips es sumergir tu mano en el recipiente mientras bromeas: «¡Bueno, da igual, todos compartimos los gérmenes!».
Cierto/Falso

- La hora apropiada para salir de la fiesta es a las 3:00 de la madrugada o cuando la familia del anfitrión baje para desayunar.
Cierto/Falso

Para verificar tus resultados, trae estas respuestas al próximo (evento), el cual casualmente es este jueves en la noche a las 7:00 P.M. ¡Puede que terminemos haciendo una fiesta! ¡No te la pierdas!

Esta tarjeta te da derecho a una noche gratis en la prisión del condado.
(Impuesto y propinas no incluidos)

Para recibir gratis esta valiosa oferta, solo sigue los pasos a continuación:

1. Escribe la dirección importante que aparece al final y guárdala.
2. Arruga esta tarjeta hasta hacer una bolita.
3. Atibórrala en la boca del policía más cercano.

Esta tarjeta también es válida para una gran noche en (evento juvenil) en caso de que decidas no aprovechar la grandiosa oferta mencionada arriba. Encuéntranos en la casa de Bob Frit, en el 4040 de la calle Yucko, exactamente a las 7:13 P.M. Nos vemos allá.

¡Puede que hayas ganado un valioso premio!

AQUÍ ESTÁ TU NÚMERO DE LA SUERTE: 37586

Si el número se corresponde con el número ganador de abajo, el cual se escogió de forma aleatoria (¡claro!), es posible que hayas ganado todos o ninguno de estos fabulosos premios:
• Un lujoso viaje con todos los gastos pagados para dos personas a Temecula (solo ida).
• Una foto autografiada de Elmer Floggy.
• Tres boletos para el Museo de Podadoras de Césped Antiguas.
• Una libra de hígado de ardillas molido.

Y el número ganador es: 37586

Si tu número de la suerte se corresponde con el número ganador, puede (o puede que no) hayas ganado los fabulosos premios de la lista de arriba. Para más instrucciones, lleva esta tarjeta a (evento de jóvenes) este miércoles en la noche a las 7:00 P.M. en la iglesia.

UNA BOLSA REPLETA DE PROPAGANDA FABULOSA

A pesar del aumento en los precios del correo, esta sigue siendo una de las mejores maneras de anunciar los próximos eventos. Haz una lista actualizada de nombres y direcciones de personas a las que les envías correo con regularidad. Si logras mantener una cantidad de nombres considerable, puedes enviar correo al por mayor para reducir costos.

Los ejemplos de las páginas 72-75 te ayudarán a estimular tu creatividad. A los chicos les gusta recibir cartas inusuales y humorísticas por correo. Si te vas a tomar el tiempo de preparar algún tipo de carta, por lo menos debe ser una buena. Ser creativos no cuesta mucho.

Permite que tus cartas motiven la lectura con imágenes y letras entretenidas. En vez de imprimir propagandas con encabezados de la iglesia (¡qué aburrido!), inventa un encabezado propio de tu grupo que incluya el nombre y la dirección de tu iglesia. Estilos de papel inusuales y coloridos están disponibles en las tiendas de papelería. Sácale provecho a todos los recursos creativos que tienes disponible.

STRIKE TRES... ¡ESTÁS FUERA!

En la página 77 aparecen cuatro cartas que puedes enviar a los adolescentes en sus primeras cuatro ausencias. Esta es una forma muy alegre de dejarle saber a tus chicos que te preocupas por ellos y los extrañas. Envíalas por correo en el orden en que te las mostramos y puede que recibas una buena respuesta. Cambia el escrito de cada carta para que se ajuste a tu grupo. *Jim Walton*

TABLEROS DE ANUNCIOS

LA GRAN IMAGEN

Crea un tablero que llegue del piso al techo con paneles blancos para baños. Los marcadores para borrar en seco funcionan muy bien en estos tablones. Tendrás una gran cartelera para mensajes serios (lista de oración, anuncios) o un espacio a fin de diseñar garabatos creativos. *Tim Stoica*

TABLERO PUBLICITARIO

¿No hay suficiente espacio en el mural? ¿No tienes mural? Recuesta en la pared una o dos mesas plegadizas de dos o tres metros. Puedes pegar los anuncios o lo que tengas a las superficies de las mesas y evitas el daño que le hace la cinta adhesiva a muchas paredes. Añade serpentinas, globos y otras cosas a dos o tres mesas organizadas de forma creativa. Y con un poquito de fuerza física, estos tableros pueden hasta ser portátiles.

Russ Porter

AUSPICIOS FOTOGRÁFICOS

¿Tienes la costumbre de fotografiar a tus estudiantes durante sus encuentros? Si no, comienza a crearte el hábito. Cuando acumules un inventario de fotos, úsalas como medio publicitario: siempre que tengas que promocionar un evento, escoge y coloca fotos de los adolescentes de tu grupo.

Luego, piensa en un diálogo entretenido e informativo sobre el próximo evento para que coloques dentro de las fotos burbujas de diálogos de caricaturas que le atribuirás a los adolescentes. Haz los diálogos entretenidos, pero no avergüences a nadie. Si piensas que las fotos se pueden caer, móntalas dentro de un gran afiche enmarcado en cristal.

Tus chicos las estarán esperando semana tras semana.
Bill Swedberg

CINCUENTA RAZONES PARA PERTENECER AL MINISTERIO JUVENIL

Añade una caricatura esporádica a la lista de la página 78 y utilízala como folleto, propaganda o boletín informativo.
Carol Eklund

EL BOLETÍN INFORMATIVO EN UN ÁRBOL

Si el espacio en tu mural informativo vale oro, construye un tablero informativo en forma de árbol para colgar varios anuncios al mismo tiempo. Si es portátil lo puedes llevar a todas las reuniones de tu grupo. Cuelga uno que otro detalle divertido de vez en cuando (caricaturas, fotos locas) y así los chicos estarán pendientes del árbol cada vez que lo vean. *David Washburn*

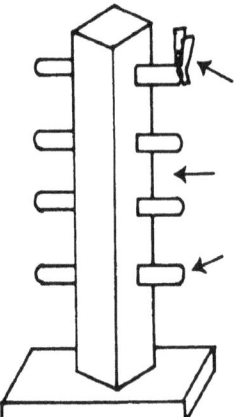

¡STRIKE UNO!

Acabas de perder 20 puntos en nuestra gran
LOTERÍA DE QUERUBINES DE CHARMIN CHURCH
por no asistir a la reunión de jóvenes la semana pasada:

Reglas de la lotería: 1. Aparece y acumula puntos.
2. No aparezcas y pierde puntos.

Formas de conseguir puntos	Formas de perder puntos
1. Asistir al grupo de juveniles (20 puntos)	1. No asistir al grupo juvenil (-20 puntos)
2. Sobornar al director del grupo (50 puntos)	2. Ir al grupo de jóvenes, pero no entrar (-50 puntos)
3. Traer a un amigo (100 puntos)	3. Decirle a tu mamá que vienes a la reunión, pero
4. No dormirse durante la reunión (100 puntos)	

¡STRIKE DOS!

Perdiste otra vez

Hemos hecho una cuenta de tu puntuación...
y la cosa no se ve muy bien (intentamos advertírtelo!)

¡BOLA UNO!

(La cuenta va 1-2)

**Supimos que no volviste a aparecer esta semana,
pero te daremos el beneficio de la duda.**

- Tal vez no pudiste imaginar cómo salir de tu casa.
- máquina
- wuki
- ENVIADO!

¡STRIKE TRES!

EL DÍA DEL JUICIO HA LLEGADO

(¡ba...! ¡ji'zzzzz!)

NUEVAMENTE te armaste de toda tu voluntad y poder para mantenerte alejado del grupo juvenil. Una vez más, apareciste con otra brillante excusa (sí, claro... ¡debilucha!) para no asistir. Bueno, aquellos que mostramos piedad ya no la tendremos. ¡Ha llegado el momento de la confrontación! ¡Acepta tus consecuencias! ¡Paga lo que debes por tu comportamiento errático! El final es inminente. Aquí verás solo un ejemplo de lo que te puede ocurrir ahora:

- Serás el último en la fila cuando se reparta la merienda.
- Tendrás que besar a tu hermana (o tu hermano) (o tu mamá)... ¡cinco veces!
- Se te obligará a ver «televisión religiosa» por un año.
- Te colgaremos de tus pezuñas en nuestro próximo retiro.
- Estarás obligado a asistir a las reuniones del grupo juvenil sin faltar por todo un mes (¡a partir de la semana que viene!).

POR FAVOR, REGRESA
Esta es tu última notificación.

Te queremos y deseamos que estés de nuevo en el orden de bateo.

Cincuenta razones para pertenecer al ministerio juvenil

1. Estudiar la Biblia.
2. Estar con los amigos.
3. Nunca servirán Rutabagas como aperitivo.
4. No engorda.
5. Puede prevenir los pies planos.
6. Divertirte.
7. No tienes que usar flotadores para participar.
8. Es mejor que hacer tareas.
9. No se reúne a las 5:00 A.M.
10. Para aumentar tu fe.
11. No hay exámenes finales.
12. Puedes ganar valiosos premios.
13. Nunca servirán col de Bruselas como parte de los refrigerios.
14. Conocer nuevos amigos.
15. Jugar juegos ridículos.
16. Porque te necesitamos.
17. Los líderes se preocupan por ti.
18. Casi nunca es fatal.
19. No hay tareas de asignación.
20. Recibimos apoyo.
21. Diez de cada diez doctores lo recomiendan.
22. Para ayudar a planificar cosas de las cuales quieres participar.
23. Tiene el sello de aprobación de Buen Mantenimiento del Hogar.
24. Como el Monte Everest, está ahí.
25. Es una cura asegurada para los ¡bah! de la mitad de la semana.
26. (Para las chicas) Hay chicos.
27. (Para los chicos) Hay chicas.
28. No causa mal aliento.
29. Para estar con otros cristianos.
30. Es gratis.
31. Para tener compañerismo.
32. No contiene nada de colesterol.
33. Bert y Ernie piensan que es grandioso.
34. Hay personas que quieren escucharte.
35. Tus líderes juveniles harán todas tus asignaciones (¡ni te lo creas!).
36. «Seinfeld» y «Friends» no son los miércoles en la noche.
37. Para compartir ideas.
38. No se requiere experiencia previa.
39. Recibirás correo.
40. Tendrás muchas citas (te enviaremos un calendario).
41. Te gustará.
42. Para aprender más de Dios.
43. Ofrecemos cupones dobles.
44. Porque eres importante.
45. Nunca ha habido un terremoto intenso en el salón de los jóvenes.
46. Aunque no contiene fluoruro, nunca ha provocado una carie.
47. Para venir y orar juntos.
48. Para conocernos mejor.
49. No es algo sin importancia.
50. Después que te has tomado el tiempo de leer estas 50 razones, puedes hacer el intento. ¡Te veo en la reunión de jóvenes el _____!

PLANIFICA CON TIEMPO

Si tu grupo tiene una gira anual a algún parque de diversiones, área recreativa o campamento, asegúrate de pensar en la publicidad del próximo año durante el año en curso. Lleva contigo una cámara y toma fotos o vídeos de los muchachos corriendo, comiendo, riendo, hablando, cantando o haciendo payasadas.

La próxima vez que necesites promocionar el evento, muestra versiones editadas de los vídeos del evento anterior como si fueran comerciales. Usa las fotos también para crear afiches y exhibiciones de tableros informativos.

Dan Craig

RETRATOS ESQUIZOFRÉNICOS

Toma fotos de todos. Utiliza un fondo sencillo y asegúrate de que cada sujeto esté a la misma distancia de la cámara y al centro (ni hacia la izquierda ni hacia la derecha) y mirando al frente. Corta cada retrato a la mitad, justo debajo de los ojos y en línea recta. Luego, une las partes de arriba con la parte de abajo de la foto de otra persona y monta los retratos en el papel resistente que viene con la película. Cuelga las fotos en el tablero informativo. Serán todo un suceso. *Kathryn Lindskoog*

FOTOS ORIGINALES

Si tienes problemas para que los chicos lean las noticias y los anuncios en el tablero informativo de tu grupo juvenil, intenta lo siguiente: Haz que alguien tome unas fotos originales de todas las actividades del grupo y cada semana cuelga una tanda de fotos en el tablero. A los chicos les encanta verse a ellos y a los demás en plena acción y se harán el hábito de verificar el mural todas las semanas. Algunas notas humorísticas y apropiadas pueden ir debajo de cada foto para añadirle diversión. *Ray Peterson*

LA CAJA DE ESPIONAJE

Esta idea sencilla es una buena forma de hacer que tus chicos lean la información de tu tablero informativo. Construye una caja grande hecha de contrachapado. La caja debe medir un metro de ancho por un metro de profundidad y un metro de alto. Monta la caja en cuatro patas y haz un hueco en la parte inferior lo suficiente grande para que los chicos puedan meter la cabeza. Pinta la parte de afuera de la caja de forma creativa.

Uno de los lados de la caja debe estar unido con bisagras de tal manera que pueda abrirse y cerrarse. Algún tipo de bombilla dentro de la caja (puede ser de pilas) iluminará el interior de la misma. Dentro de las cuatro paredes de la caja cuelga tus afiches, anuncios, fotos y otras cosas de interés. Los chicos deberán entonces colocarse debajo de la caja para ver qué hay dentro de ella. Si eres creativo y cambias el contenido de la caja semanalmente, los chicos harán fila para ver lo que hay dentro solo por satisfacer su curiosidad. Esos mismos muchachos de forma habitual podrían ignorar un tablero informativo típico.

Una variación de esto es usar luz negra para iluminar el interior de la caja y hacer todos tus letreros y anuncios con marcadores o pinturas fluorescentes o con esos que brillan en la oscuridad. El efecto es fascinante.

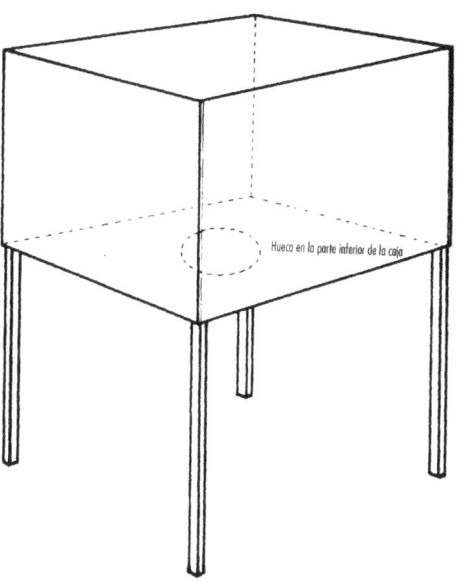

Para darle buen uso a tu caja de espionaje, colócala en un lugar estratégico por donde puedan pasar muchos niños, como por ejemplo en un punto de encuentro de los jóvenes, algún plantel escolar (para lo que deberás pedir autorización) o cerca de la escuela. *Paul Sailhamer*

CAJAS PARA EL TABLÓN INFORMATIVO

Construye cajas con un hueco pequeño a un lado (para mirar dentro de ellas) y una rendija en la parte superior de la misma para la iluminación. Coloca anuncios, fotos y otras cosas en el lado interior de la caja opuesto al hueco pequeño. Coloca las cajas al nivel del ojo en el tablero informativo de los jóvenes. La novedad de las cajas atraerá a muchos que normalmente ignoran el mural.

SACOS CREATIVOS

Usando sacos de arpillera puedes hacer murales atractivos, tableros informativos o láminas enmarcadas. Solo tienes que montarlos y pintar en el tejido con pintura de aceite o marcadores. Los resultados pueden ser muy efectivos.

Bobby Shows

AFICHES

FOTOS SORPRESA

A los chicos les encanta verse en fotos. Colecciona afiches y láminas de películas o programas de televisión. Luego toma fotos de los miembros de tu grupo juvenil y pega sus rostros sobre los rostros de los famosos.

Por ejemplo, un afiche de un programa de televisión popular puede presentar a siete niños en una escena en la playa. Sustituye cinco de las caras con fotos de miembros de tu grupo y deja una original a cada lado. Anuncia actividades y eventos del grupo juvenil en los márgenes de los afiches. *Valerie Hobbie*

AFICHES EN COLORES

¿Cansado del blanco y el negro? Un poco de trabajo de tu parte convierte a tu fotocopiadora en una fotocopiadora a color.

Diseña un afiche con imágenes multimedia o algún arte similar de tal manera que se pueda fotocopiar de forma limpia. Si planificas colorear tus letras, deberás marcar solo el contorno, pues en otro caso siempre quedarán en negro.

Copia el afiche en distintas hojas de colores. El papel de construcción funcionará en una máquina manual. Utiliza una copia de cualquier color que quieras usar como fondo para el afiche principal.

Luego recorta las distintas partes de la ilustración de copias de colores diferentes y pégalas acomodadas en el afiche principal: por ejemplo, corta el cabello de la persona con papel marrón, la ropa con papel rojo y así sucesivamente.

Si planificas exhibir los afiches permanentemente como un letrero para la puerta, por ejemplo, puede que tengas que laminarlos. *Len Cuthbert*

PUBLICIDAD GIGANTE

¿Quieres diseñar un estandarte de calidad o un afiche inmenso, pero piensas que no sabes dibujar? Si usas clip art, letras adhesivas o tu computadora, puedes crear tu afiche en una hoja de papel blanco (sin líneas) tamaño carta. Luego utiliza una fotocopiadora para transferir tu creación a una transparencia.

Coloca la hoja en un proyector y enfoca la imagen sobre papel de estraza pegado a una pared grande (puedes hasta cubrir toda la pared con tu arte). Delinea las imágenes utilizando pintura de acuarela negra y un pincel de tamaño mediano que te permita mantener los detalles. Cuando el diseño esté completo, apaga el proyector y rellena las letras y figuras grandes con acuarelas del color que se ajuste a tu diseño. Esta idea también funciona para crear telones teatrales de fondo. *Len Cuthbert y Dan Pryor*

AFICHES QUE SE REDUCEN

¿Deseas que los papás de tus adolescentes se mantengan informados de las próximas actividades, en especial de aquellas que requieran autorización? Imprime un afiche con anuncios y detalles al frente y en la parte posterior estampa el formulario de autorización para los padres, de tal manera que los permisos estén ubicados en la parte posterior del anuncio que les corresponde.

Haz que los miembros del grupo se lleven sus afiches a casa y los cuelguen en sus cuartos. Cuando una actividad se lleve a cabo, el joven recortará la sección del afiche, le pedirá a su padres que le llenen el permiso y lo entregará. A medida que pase el tiempo, el afiche se volverá cada vez más pequeño con cada actividad que se realiza.

Cinda Warner Gorman

ANUNCIOS DADOS POR CELEBRIDADES

¿Qué te parece tener a Sandra Bullock, Tom Cruise o Ricky Martin como auspiciador de alguna de tus actividades juveniles?

Mira cómo lo puedes hacer: Comunícate con algún cine local o alguna tienda de alquiler de vídeos y pregúntale al cajero si puedes quedarte con los afiches de tamaño natural que utilizan para promocionar las películas del momento. Una vez que termina la campaña, con frecuencia los tiran a la basura.

Transforma los afiches en un anuncio para alguno de tus eventos. Por ejemplo, haz que un afiche de Tom Cruise en tamaño natural diga: «Yo voy para el campamento este verano. Te veo allá». A los chicos le encantará. *Joey Potter*

AFICHES DE CARTELERA

La creación de afiches puede ser tanto divertida como útil, en especial si el afiche que preparas es de tamaño cartelera. Si le explicas tu propósito a una compañía de publicidad de exteriores, con frecuencia les agradará regalarte los afiches viejos. Estos afiches vienen en hojas de un papel pesado que miden dos por tres metros y son geniales para hacer afiches gigantes. Provee un gran espacio sobre el suelo, muchos pinceles y acuarelas, y deja que tus chicos hagan un uso desmedido de su creatividad. *Calvin Pearson*

IMPRESOS EN SERIGRAFÍA

O «Cómo producir afiches profesionales y atractivos a un precio atractivo y no profesional».

Se acabaron los días de los afiches tradicionales. Ya no se leerá nada hecho con recortes de periódico, pegamento, acuarelas o marcadores, conteniendo una generosa porción de escarcha. ¡Y ni siquiera hablemos de que algo así recibirá una respuesta! Cuando quieras crear algo que no sea un anuncio digitalizado, dale una oportunidad a la serigrafía. Cualquiera puede hacer serigrafía. ¡Tú también puedes hacerla!

El proceso de serigrafía es un método exclusivo de la impresión con plantilla que te permite imprimir en casi cualquier superficie y en cualquier color, tamaño o cantidad. Te explicaremos paso a paso cómo crear tu propio bastidor de serigrafía y cómo manejarlo. El costo es increíblemente bajo y el procedimiento es muy sencillo.

• El bastidor

Un bastidor de serigrafía está compuesto de una marco de madera con un trozo de seda sujetado y estirado. El marco está sujeto con bisagras a un pedazo plano de contrachapado. Puedes comprarlo preparado o construir uno por tu cuenta, que es la opción más económica.

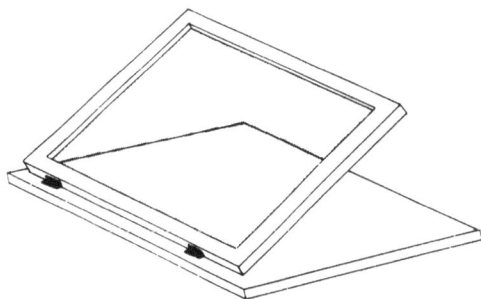

• Cómo construir un bastidor de serigrafía

El marco está hecho de cuatro pedazos de madera sujetados de forma rectangular. Las piezas de madera deben ser aproximadamente de 2,5 x 2,5 centímetros. Es mejor que los extremos formen un ángulo de 45 grados y que se claven con clavos de un tamaño razonable. Para añadir un poco de fuerza, utiliza cuatro abrazaderas en forma de L en las junturas.

Después que determines qué tamaño de afiche utilizarás con más frecuencia, asegúrate de que las dimensiones interiores del marco sean al menos siete centímetros más grandes en derredor que las dimensiones del afiche.

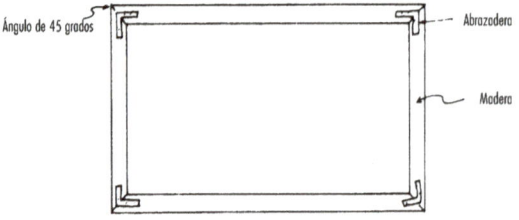

• La seda

Necesitarás comprar una pieza de seda (pura seda 12xx para serigrafía) que mida más que el tamaño de tu marco. La seda tiene un costo aproximado de siete dólares por metro y viene en rollos de un metro de ancho. Con frecuencia, la mitad de un metro cubrirá la mayoría de los bastidores que no midan más de 45 centímetros de ancho. Esta seda se estira fuerte a través del marco y se engrapa. Existen otros métodos para sujetar la seda, pero el método del grapado es el más simple y sencillo para el principiante. Comienza por uno de los lados y continúa por los alrededores apretando fuerte la seda y grapando a intervalos de dos centímetros. Mantén las grapas en ángulo para asegurar un mejor agarre. Para mejores resultados, moja primero la seda con agua tibia y déjala húmeda mientras se estira, la dejarás secar más adelante. Después que la seda quede sujeta, corta el exceso de tela.

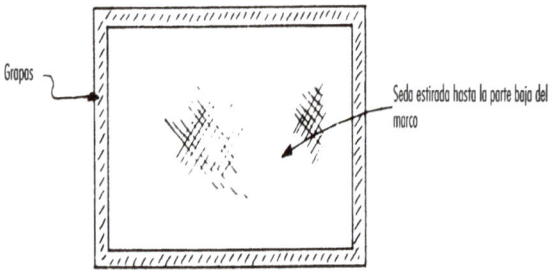

Después que engrapes, unta un poco de pegamento blanco sobre las grapas y déjalo secar. Esto ayudará a evitar que la tela se suelte en un futuro.

• Une el marco con bisagras a una superficie plana

Compra un pequeño par de bisagras con alfileres removibles. También necesitarás un pedazo de contrachapado (bastará con uno que mida __x__ centímetros de ancho) para que sirva como base. Las dimensiones del contrachapado deberán ser un poco más grandes que las dimensiones exteriores del marco.

• El estarcido

Ya estás listo para imprimir algunos afiches. En primer lugar, necesitas un diseño básico para tu afiche: el mismo se puede dibujar con un lápiz o copiar de alguna otra imagen y adaptarla para tu uso. Cualquier persona que pueda calcar puede hacer un estarcido.

Para hacer un estarcido, el patrón básico (o sea, tu propia idea para el afiche) se corta de una película llamada Knife-cut Lacquer film, una película de laca que puedes obtener en cualquier tienda de materiales de arte o en alguna tienda especializada en serigrafía. La película es brillante y de un suave color ámbar, fijada a una lámina plástica y opaca de respaldo.

Pega tu diseño original a una superficie plana (un escritorio, por ejemplo). Necesitarás mucha iluminación. Trabaja en una posición que te resulte cómoda. Corta un pedazo de la película lo suficientemente grande como para cubrir tu diseño. Pega la película en posición sobre el diseño, con la parte brillante mirando hacia afuera.

Luego, necesitarás una navaja de precisión con un filo

#11, que puedes conseguir en cualquier tienda.

Mantén la navaja filosa. Las navajas desafiladas solo traen problemas. Haz primero una prueba. En una de las orillas de la película, corta un triángulo pequeño. ¡CORTA SOLO A TRAVÉS DE LA PELÍCULA BRILLANTE! ¡NO CORTES A TRAVÉS DE LA LÁMINA DE RESPALDO! Coloca el filo de tu navaja debajo de la película en una de las orillas del triángulo. Para que practiques, levanta la película y quita el triángulo de película de laca.

Sigue este procedimiento a través de todo tu patrón (traza, corta y quita la película) hasta que hayas removido la película de todas las áreas indicadas en tu patrón. Las áreas de la película que quedaron vacías o abiertas serán aquellas por las cuales tu tinta imprimirá sobre la superficie de impresión. Recuerda, no cortes la lámina de respaldo, ya que está ahí para agarrar el estarcido. Siempre mantén la película alisada y plana, no la arrugues.

Área donde se removió la película, solo se verá la lámina de respaldo

Película de serigrafía en laca

Cuando termines tu estarcido, colócalo entre la seda (sujetado al marco, por supuesto) y la superficie de contrachapado, posicionándolo en el centro del marco. Es una buena idea colocar el estarcido sobre algunas hojas (el mismo papel sobre el que imprimes) para darle un poco más de estatura. Luego, baja el bastidor (el marco y la seda) hacia el estarcido. El bulto de hojas que queda debajo del estarcido permite que este y la seda tengan un buen contacto. El estarcido y la seda deben estar en contacto en todos los puntos para que se puedan adherir de un modo apropiado.

• Sujeta el estarcido

Ya estás listo para pegar. Necesitarás dos trapos suaves y pequeños. Moja uno de los trapos con un poco de solvente adhesivo o con algún disolvente para laca, cualquiera de los dos funciona, pero el solvente adhesivo especial regularmente es más potente. El trapo debe estar mojado, pero no chorreando. Frota la seda con este trapo (desde arriba) en el área donde se ve el estarcido. Frota un área a la vez, empleando movimientos firmes, y verás cómo se adhiere la película. La misma parecerá que cambia de color. Justo después de terminar de frotar con el trapo húmedo, frota la misma área con un trapo seco para absorber todo el exceso de líquido. Demasiado líquido puede quemar o incluso comenzar a disolver la película. Continúa la serie de brochazos húmedos seguido de brochazos en seco. Asegúrate de que el estarcido se adhiera uniformemente en toda el área. El estarcido está ahora adherido a la seda.

Trapo húmedo — Trapo seco

Déjalo secar por unos quince minutos. Luego, levanta el bastidor y remueve la lámina de respaldo. Hala hacia abajo una esquina de esta hoja de respaldo y lentamente y con cuidado ve quitándola hasta que quede completamente removida.

Sugerencia: Siempre lleva a cabo el procedimiento de adhesión en un atmósfera seca y cálida

• Coloca las guías del borde

Coloca unas hojas de papel debajo del estarcido (que ahora ya está adherido a la seda) y ajusta la posición en la que el patrón estará centrado y derecho. Querrás poner algunas guías a lo largo de dos de los bordes de la reserva de papel, de tal manera que toda impresión se haga en el mismo lugar. Esto es muy importante, en especial en impresiones multicolor

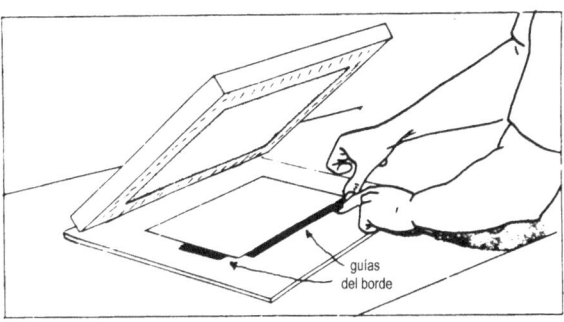

guías del borde

Las guías de los bordes se pueden hacer con pedazos finos de cartulina o cinta de enmascarar. Cualquier objeto fino que se mantenga en su sitio funcionará.

• Bloquear

Ahora necesita bloquear todos los espacios abiertos de la seda alrededor de las orillas del estarcido. Esto se puede hacer de muchas maneras, pero un buen método es cubrir el área de la parte baja de la seda con cinta de enmascarar. Después de hacer esto, estarás listo para imprimir. La idea de bloquear es para dejar abierto solo la imagen que quieres impresa, de tal manera que la tinta pueda pasar.

área de seda abierta; bloquear este espacio con cinta de enmascarar

película de laca (estarcido); no bloquee esta área

• Imprimir

Para imprimir, necesita comprar una racleta, un pedazo de madera con una banda de goma especial sujeta a la

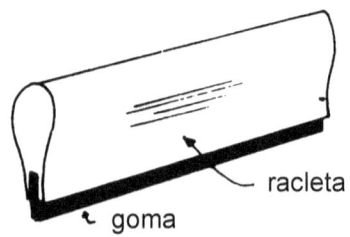

madera.

La racleta se puede comprar en una buena tienda de arte o en una casa especializada en materiales de serigrafía. La misma debe ser un centímetro más corta que la dimensión interior más pequeña de tu marco.

Coloca un pedazo de papel en las guías del borde. Coloca encima el bastidor. Vierte un poco de pintura de serigrafía al final de una de las orillas del bastidor y encima de la seda (la pintura regular no funcionará). Con la racleta, empuja la tinta firmemente a través del patrón (dos veces como máximo) y luego levanta el bastidor. Puede que el papel se pegue a la parte baja del bastidor, lo que es normal. Remueve el papel y revísalo. ¡Acabas de hacer una serigrafía! Deja las hojas impresas en algún lugar para que se sequen y continúa. Puedes imprimir cuantas copias quieras. Si algo de tinta no deseada se está traspasando a tu papel, es posible que necesites bloquear áreas que dejaste sin cubrir.

• Limpiar

El bastidor se debe limpiar después de cada uso. Si quisieras guardar el estarcido y utilizarlo de nuevo, debes dejarlo sujeto a la seda. Una vez lo remuevas ya lo perdiste, por lo tanto, si deseas usarlo otra vez, solo limpia la cinta de enmascarar y elimina la tinta con disolvente de pintura (no utilices disolvente de laca). Usa varios trapos y deshazte de toda la tinta. Para remover el estarcido, sumérgelo en disolvente de laca o en solvente adhesivo, aunque este último es más costoso. Cuando la seda esté limpia, puedes sujetar un estarcido nuevo en cualquier momento futuro.

• Artículos para comprar
- Marco y respaldo de contrachapado
- Seda
- Racleta
- Película de laca
- Navaja de precisión
- Disolvente de laca (o solvente adhesivo)
- Solvente de pintura
- Pintura para serigrafía

Trapos para pintar y una espátula

La mayoría de las tiendas de artículos de arte bien equipadas tienen una línea de materiales de serigrafía. Verifica las páginas amarillas para ubicar alguna de estas tiendas o comunícate con una tienda de letreros y pregunta dónde compran sus materiales.

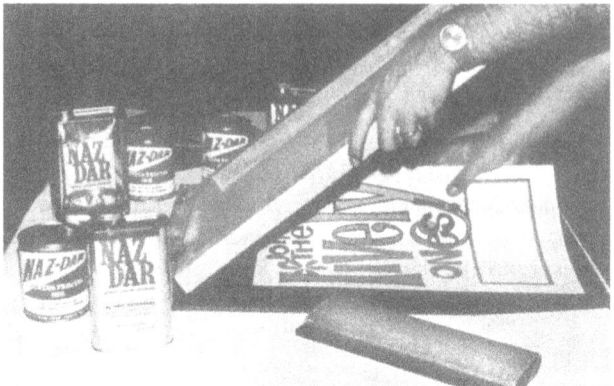

PREGÚNTALE A ALGUIEN QUE SEPA

La siguiente es una idea exclusiva para hacer afiches multiusos. No importa lo que quieras promocionar, este afiche se encargará de ello. No necesitas información específica. Lo único que debe decir el afiche es: «Pregúntale a alguien que sepa».

Si quisieras promocionarte en el recinto escolar, por ejemplo, el afiche se puede colgar en varios lugares alrededor de la escuela y los chicos de tu grupo juvenil pueden usar una pegatina que diga: «Yo sé».

La idea es sencilla. Los chicos alrededor de la escuela ven un letrero que les dice que le pregunten a alguien «que sepa», así que le preguntan a tus chicos, que son los que están usando las pegatinas que dicen «Yo sé». Evidentemente, los chicos podrán darles toda la información acerca de la próxima reunión o evento especial y también suministrarle al que preguntó una de las pegatinas que dice «Yo sé»... ¡porque ahora él o ella también saben! Este método de publicidad tan sutil como efectivo funcionará muy bien en una escuela que no permite afiches religiosos o de la iglesia en sus alrededores. El afiche no dice nada que pueda ofender a alguien. Los afiches y pegatinas se pueden hacer fácilmente en serigrafía.

RECUERDOS DE LA LECCIÓN

La mayoría de las personas, en especial los adolescentes, retienen incluso la idea principal de un sermón o lección solo con dificultad.

Para superar este obstáculo del aprendizaje, intenta esta idea. Durante una serie de lecciones, coloca una cartulina en el salón. Semanalmente, trae un objeto que simbolice el punto principal de la lección: por ejemplo, un pequeño sobre de sal de un restaurante de comida rápida para una lección de Mateo 5 («Ustedes son la sal de la tierra»), un billete de cien dólares de dinero de juguete para una lección de 2 Corintios 9 («Cada uno debe dar según lo que haya decidido en su corazón, no de mala gana ni por obligación, porque Dios ama al que da con alegría»), etcétera.

Al final de la lección el objeto quedará junto al resto de los artículos que forman el collage, que son misceláneas para cualquiera menos para tus chicos, de modo que al principio de cada lección semanal puedan asociar los objetos mostrados con las lecciones correspondientes. Es posible que con el tiempo quieran sentir que de cierto modo han contribuido al afiche y añadan sus propios recortes de revistas y otras curiosidades.

La visión constante de un afiche que recuerde las lecciones también le puede dar al grupo un sentido de historia y pertenencia. *Mary Gillett*

SE BUSCA...

Los afiches impresos de «Se busca...» con espacio disponible para una caricatura o una foto humorística producen grandes resultados por la atención personal que proporcionan. Este puede ser un buen proyecto semanal para alguien en tu grupo que tenga habilidades artísticas.

Cuando una persona hace algo gracioso, publícalo en el

tablero informativo. Envíalo por correo a los que faltaron a la reunión del grupo de jóvenes y procura poner en la hoja un nombre ridículo tal como Pedro Campana o Juan Torcido. Luego, explica para qué se buscan: escuela dominical, coro de jóvenes, etc. *Bryant Wilson*

CONCURSO DE AFICHES

Entrégale a cada equipo un montón de revistas, marcadores, acuarelas, cartulinas, pegamento, etc., y pídele a los chicos que con estos materiales diseñen afiches que promocionen algún evento especial. Los afiches ganadores recibirán premios por su originalidad y buen humor. Esta es una buena manera de involucrar a tus chicos en tu programa publicitario.

Jerry Summers, Corpus Christi, Tex.

EVENTOS PROMOCIONALES

¡LLAMA Y GANA!

Lograr que tus chicos lean y tomen nota de algún calendario mensual puede ser sumamente desafiante. Así que añade un poco de incentivo. Dentro de los días del calendario, inserta premios y notas como: «¡SI ERES LA LLAMADA NÚMERO TRES, GANARÁS UNA PIZZA GRATIS!».

Los adolescentes que llamen a la iglesia durante esa fecha ganarán si aciertan el número de la llamada. Es recomendable que utilices un número de teléfono que no sea el de la secretaria de la iglesia, el cual te permitirá lidiar con lo que puede convertirse en una ola de llamadas a tu oficina. Sin embargo, al menos estarán leyendo sobre los próximos eventos y actividades que de otro modo se perderían.

Tim Greilich

TARJETAS DE LLAMADAS JUVENILES

Como un recordatorio visual de quién ha faltado, prepara fichas para cada joven que esté en tu programa. La ficha deberá incluir direcciones completas, número de teléfono y alguna otra información que sea útil (actividades escolares, lugar de trabajo). También puedes diseñar fichas para aquellos que prometen ser parte del grupo de jóvenes en el futuro.

Imprime el nombre de cada adolescente en letras grandes en la parte superior o posterior de tu ficha. Luego sujeta todas las fichas con tachuelas a un tablero informativo. Puedes llamarle a este tablón «Los que se pierden la acción» y colgarlo en la pared o la puerta de tu salón de reunión. Considera hacer múltiples copias de las tarjetas en caso de que algunas se pierdan.

Pídeles a los jóvenes que asisten a las reuniones que transfieran sus propias tarjetas a un tablero informativo adyacente que se titule: «Aquí y ahora». Entonces será fácil ver quién está faltando a las reuniones. Al final de la reunión, solicítales a los chicos y líderes del grupo que se lleven las fichas de «los que se pierden la acción» como un recordatorio para llamar o enviar una nota a aquellos estudiantes que no están presentes. Ellos deberán devolver la tarjeta en la próxima reunión. Pídele a las personas que no se lleven la carta de un mismo individuo dos veces consecutivas.

Antes de la próxima reunión, devuelve las fichas del tablero «Aquí y ahora» al de «Los que se pierden la acción» a fin de poder usarlas de nuevo. *Greg Miller*

TARJETAS POSTALES DE BIENVENIDA

Inunda a los chicos recién llegados con un correo de bienvenida durante la época de las promociones.

1. Un poco antes de comenzar la época de las promociones, estudia las listas de la Escuela Dominical e identifica los nombres y direcciones de los jóvenes que ingresarán a tu grupo.

2. Solicita voluntarios de tu grupo juvenil (la cantidad que creas conveniente) para enviarles tarjetas postales. Los nombres y direcciones de cada nuevo miembro deberán aparecer en treinta tarjetas.

3. Mientras el grupo está escribiendo las direcciones, ingenia treinta temas que estén relacionados con el grupo juvenil, tales como actividades, estudios, comidas, juegos, proyectos comunitarios, conciertos, etc.

4. Asígnale a cada voluntario uno de los temas y entrégale un conjunto de tarjetas predirigidas. Si hay catorce jóvenes recién llegados, por ejemplo, cada voluntario recibirá una tarjeta dirigida a cada uno de los catorce recién llegados, es decir, catorce tarjetas en total. Los voluntarios escribirán una nota breve sobre uno de los temas asignados para cada nuevo miembro. Los miembros que más tiempo llevan en el grupo pueden ayudar a los más nuevos con la información que les haga falta. Todas las tarjetas se deberán entregar en la oficina de la iglesia en el plazo de una semana.

5. Una semana antes de que los chicos de nuevo ingreso empiecen a asistir al grupo de jóvenes, comienza una campaña de correo diario utilizando las tarjetas postales que se prepararon. Ponles un sello y envía por correo durante treinta días consecutivos el conjunto de tarjetas postales con algún tema de actualidad. Los nuevos miembros que reciban las tarjetas postales diariamente de parte de sus amistades llegarán a la primera reunión llenos de emoción y entusiasmo. *Jeff Elliott*

REDADA DE BALONCESTO

Reúne a tus chicos en la iglesia un sábado por la tarde y trae cuantos balones de baloncesto puedas conseguir. Divídanse en equipos y distribúyanse por la comunidad. Haz que los equipos vayan a las escuelas, condominios, parques (a dondequiera que vean un aro) y que comiencen a jugar baloncesto. Inviten al juego a otros chicos y adolescentes que vayan pasando por los alrededores. Preséntense, conozcan a los chicos e invítenlos a la iglesia. *John Peters*

CARTELES PARTIDARIOS

Aquí te presentamos una nueva manera de mostrar una imagen positiva de tu grupo juvenil en sus escuelas... y de fomentar al mismo tiempo el espíritu escolar. Imprime carteles partidarios en un tamaño de 30 x 35 centímetros que tengan por uno de los lados algún eslogan como «¡Arriba equipo!» e información general por el otro: la lista del equipo, el calendario de juegos y algún anuncio de tu grupo juvenil.

Imprime los anuncios en cartulina gruesa y con los colores de la escuela. Pídeles permiso con anticipación a los oficiales escolares y haz que tus chicos distribuyan los carteles a todos los fanáticos que estén en las bancas.

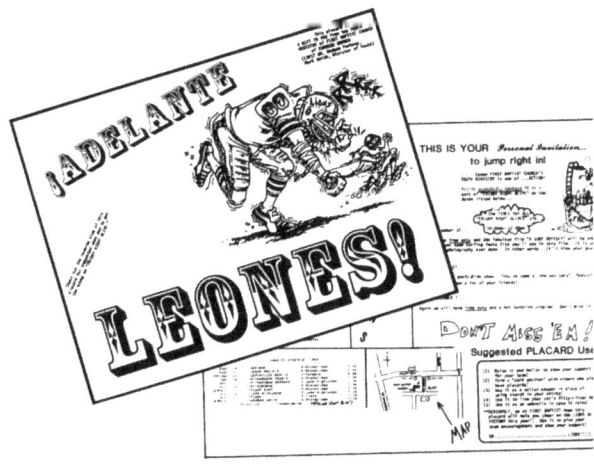

Puede que quieras imprimir algún detalle humorístico en la parte trasera del cartel, como por ejemplo:
Usos sugeridos para los carteles:
• Levántalo y anima a tu equipo para que le demuestres tu apoyo.
• Forma un grupo con otros que también tengan carteles.
• Úsalo como _____.
• Utilízalo como base para la caja de desperdicios de tu gato.
• Úsalo como sombrilla por si llueve.

VÍDEOS DE PREMIO

Diseña una forma segura para que los chicos inviten a sus amigos a los eventos y que al mismo tiempo prueben que los mismos son divertidos. Recluta a algún fotógrafo voluntario que tome vídeos para que filme los momentos claves de cada evento. Comienza las actividades anunciando que el participante más entusiasta de la noche recibirá un premio al final del evento. Entrégale al ganador un certificado o un distintivo junto con un vídeo de los eventos de esa noche. *Len Cuthbert*

LOTERÍA PARA AUSPICIADORES

En una época en que la lotería alcanza la suma de diez millones de dólares, los métodos a fin de reclutar auspiciadores para retiros, campamentos y eventos pueden necesitar algo de actualización. *Tom Daniel*

¡Felicidades, puedes ser un ganador!

Te han escogido como un posible ganador en el Ministerio Juvenil de la Primera Iglesia Bautista

Fin de Semana del Discipulado Inmediato La Competencia del Anfitrión

Para determinar si quieres ser un ganador, solo llama gratis a Tomás Daniel a la oficina de la iglesia al
212-3635

Las recompensas para los afortunados ganadores del Gran Premio incluyen:

• ¡Dos lujosas noches con gente joven de nuestra iglesia!
• ¡Dinero en efectivo para comprar comidas!
• ¡Gastronomía fina, preparada y provista por líderes y padres de los jóvenes!
• ¡Liderazgo de calidad del Seminario Teológico Bautista de Nueva Orleáns y la Universidad del Estado de Misisipi!

¡Llama hoy!

No hay que comprar nada para participar
Válido únicamente en Misisipi

PROMOCIÓN DE BOLSAS DE SUPERMERCADO

Para futuros eventos en tu iglesia, esta idea combina el servicio a la comunidad con una publicidad enfocada en el público en general. Verifica si algún supermercado local permite que tu grupo de jóvenes trabaje durante un día como voluntarios empacando las compras de los clientes. Asegúrate de que los muchachos que empacarán reciban las instrucciones necesarias para no aplastar los alimentos.

Coloca una circular dentro de cada bolsa de compras para anunciar algún evento de la iglesia (un lavado de autos, una cena de espaguetis, una campaña para recolectar comida enlatada) o grapa la circular a la bolsa. Este es un buen método para dar una buena imagen y una manera fantástica de hacer publicidad. *David Washburn*

¿CUÁNTAS ORUGAS TE PUEDES COMER?

Crea algunos afiches y envía por correo una publicidad acerca del próximo evento: una competencia de co-melones. El manjar será... ¡orugas! Los chicos anticiparán una actividad relativamente asquerosa.

Sin embargo, no le proveerás a tus chicos orugas de verdad, sino que las podrás preparar individuales o como si fueran un largo trozo. Aquí te presentamos la receta:

Corta una banana a lo largo y colócala en el plato con la parte de adentro hacia abajo. Rocía crema batida en largas líneas en la parte superior y las orillas. Decórala con confites verdes y líneas de sirope de chocolate. Usa palitos de pretzels para las antenas, dos mitades de cerezas para los ojos y una fila de pasas para las patas.

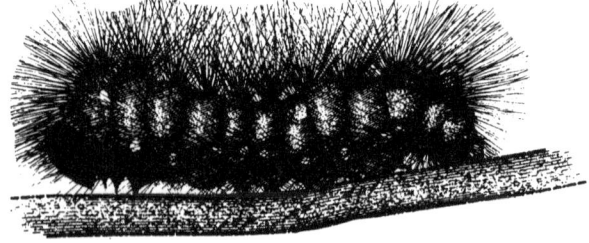

La competencia puede basarse en el que más rápido coma, el que pueda comer sin las manos, el que coma a ciegas, o en averiguar cuál es el equipo más comelón. A los chicos le encantará. *Jim Larsen*

ARRESTOS JUVENILES

Aquí te presentamos una manera de familiarizar a los adultos y los chicos de tu iglesia con el grupo juvenil. Haz que algunos de los jóvenes de tu grupo o alguno de tus líderes adultos se vistan con disfraces alquilados de oficiales de policía (algunas tiendas de disfraces tienen una selección contemporánea de estos uniformes). Consigue una cantidad suficiente de uniformes para que cada puerta de entrada a la iglesia esté bajo la protección de dos «oficiales». Puede que quieras colgar una luz de tránsito frente a la iglesia o estacionar una motocicleta cerca de la puerta.

A medida que los adolescentes entren a la iglesia, diles que están bajo arresto por la violación de la ley al ser estudiantes de secundaria. Llévalos aparte y entrégales una citación judicial ante la Corte Juvenil para la noche de tu reunión de jóvenes. Explícales brevemente lo que está pasando a las familias que lleguen sin ningún adolescente y háblales de tu grupo juvenil.

La citación puede decir así:

Citación Judicial

Por medio de la presente, _____ queda arrestado de inmediato por estar en _____ año de secundaria. Su arresto fue posible gracias a la mano dura de la ley manifestada en la decisión de la Corte Suprema en el histórico caso de Juan 3:16. Queda inmediatamente citado para presentarse ante el ministro de jóvenes (Juez Wash) el 21 de septiembre en el sótano del Palacio de Justicia de la Escuela de la Natividad. La corte del pueblo comenzará a las 7:00 P.M. en punto, donde se le concederá un juicio de tres minutos. (¡Ya que el juez es conocido como «Cuélgame Sin Pensarlo», tu juicio será bastante corto!) Será sentenciado a comer pizza y reírse mucho... pero... no hasta trabajar con la pandilla de cadena perpetua de Wash durante una hora en una búsqueda. Si quisiera declararse culpable o inocente, está en toda la libertad de traer a algún amigo adolescente abogado que no apareció hoy en la iglesia.

Atentamente,

David Washburn
Oficial superior
y
Oficiales subalternos (firmas de los chicos)

David Washburn

BOMBARDEO TELEFÓNICO

Esta idea no es nueva, pero sigue funcionando. Solo es un plan para regar la voz a la mayor cantidad posible de chicos.

- **Paso 1:** Comienza a coleccionar nombres y números de teléfono de la mayor cantidad posible de adolescentes: chicos nuevos, los frecuentes y cualquier otro que sea candidato para asistir a las reuniones.
- **Paso 2:** Asigna o elige a un líder de llamadas que tenga buena iniciativa y la habilidad de motivar a la gente. Este joven se encargará del bombardeo de llamadas.
- **Paso 3:** El líder de llamadas reclutará a varios individuos que lo ayudarán a llamar a diez personas cada uno la noche antes de la reunión que quieres promocionar. (Si tienes, por ejemplo, una lista de cien personas, necesitas a diez individuos para que cada uno haga diez llamadas). El líder les proveerá a los ayudantes una lista de diez nombres y teléfonos.
- **Paso 4:** El día del bombardeo telefónico (usualmente el día antes de la reunión), el líder de llamadas se comunicará con los ayudantes a fin de recordarles que llamen a las diez personas que les tocó llamar para la reunión del día siguiente. Cada ayudante deberá saber todos los detalles de la reunión: el lugar, la hora, en qué consistirá la reunión y algún otro detalle necesario. Si la persona le dijera que le gustaría ir, pero que no tiene cómo llegar, el ayudante le dirá que esté listo entre las 7:00 P.M. y las 7:30 P.M. (dependiendo de cuándo sea la reunión) ya que alguien irá a su casa y pasará a recogerlo. Todo aquel que sea responsable de llamar deberá estar preparado para cualquier pregunta que le hagan.
- **Paso 5:** Después que los encargados de las llamadas se comuniquen con sus diez personas, llamarán de nuevo al líder de llamadas para dejarle saber cuántos irán, cuántos no, cuántos no respondieron y cuántos necesitan transportación.
- **Paso 6:** El líder de llamadas llamará entonces al líder de transportación, el cual habrá preparado una cantidad de autos disponibles para recoger a los que lo necesiten. Él o ella le informará al líder de transportación a quiénes debe recoger, dónde viven, etc.
- **Paso 7:** El líder de transportación llamará a los conductores de los autos disponibles para asignarles a las personas que recogerán.

Aquí te ofrecemos un diagrama del procedimiento:

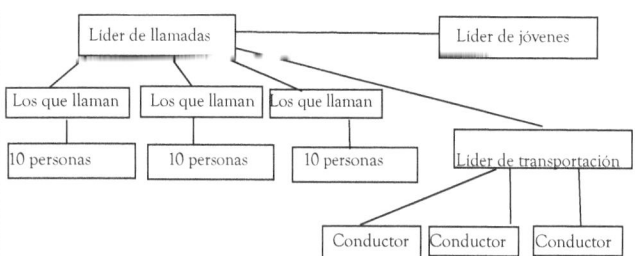

Este procedimiento se puede repetir una y otra vez todas las semanas antes de la reunión de tu grupo de jóvenes. Tal estrategia involucra a todos y es sumamente efectiva cuando se ejecuta de forma eficiente.

DIRECTORIO TELEFÓNICO Y DISPUESTO A VIAJAR

Promueve la organización y la interacción del grupo por medio de un directorio telefónico tamaño cartera. Reduce el directorio telefónico actual de tus jóvenes a un tamaño de 5 x 10 centímetros. Imprime ocho en una hoja de cartulina y llévalas a laminar a un negocio de fotocopias. Economizarás dinero si cortas tú mismo las tarjetas luego de que se laminen.

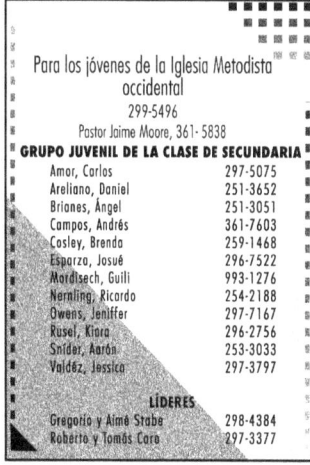

Las tarjetas que obtendrás caben dentro de una billetera, un bolsillo, una cartera... y son a prueba de agua. Sobrevivirán a un zambullido en la piscina y hasta a un lavado en la máquina de la ropa. *Gene Stabe*

EL DESFILE DE LAS PANTOMIMAS

Esta idea suele ser más efectiva en pueblo pequeños. Es un evento de promoción eficaz que también puede resultar entretenido para los jóvenes. Comunícate con una estación de radio local y pregúntales si pueden trasmitir unos quince minutos de marchas de John Philip Sousa durante un tiempo específico algún sábado en la tarde. Si están de acuerdo en hacerlo, vas por buen camino.

Obtén una autorización para realizar un desfile (si es necesario) y haz que tus chicos formen una banda. Alquila uniformes o disfraces de bandas, o diséñalos tú mismo si fuera necesario. Los chicos no deberán llevar instrumentos, sino un estéreo portátil. Cuando llegue el momento, lo jóvenes desfilarán por la calle principal con sus radios encendidas en la estación que acordó tocar la música de banda. Aumenta el volumen del estéreo por medio de un altavoz. Puede que la banda de jóvenes luzca ridícula, pero atraerá mucho la atención. Es posible que desees preparar a algunos de tus chicos o líderes para que hablen con las personas mientras la banda desfila. Motívalos a que inviten a otros chicos a su grupo juvenil y a otros adultos a los servicios eclesiásticos. Reparte circulares o folletos si así lo deseas.

Si no puedes llegar a un acuerdo con la estación de radio, transmite tu propia música con un equipo de sonido amplificado. De este modo los chicos podrán desfilar por la calle representando los instrumentos mediante pantomimas. *Dave Emmrich*

TARJETAS CURSI

¿Ha sido bendecida tu iglesia con un montón de tarjetas cursi de las décadas de los cuarenta y cincuenta que cualquier pastor respetable se negaría rotundamente a enviar por correo? Pues entonces son lo suficiente ridículas para enviarlas a los estudiantes de la escuela secundaria.

Envía tarjetas de apoyo a los chicos que se encuentren de vacaciones o que están pasándola de maravilla en el campamento de la iglesia. Las tarjetas de «Mejórate pronto» se pueden usar con estudiantes exitosos en el área académica y la atlética.

Mike Evans

OTRAS IDEAS PUBLICITARIAS

ANUNCIOS DE TESTIMONIO

He aquí una manera de promocionar a tu grupo juvenil y al mismo tiempo ofrecerles a tus chicos la oportunidad de compartir su fe de una forma definitiva y significativa.

Publica un anuncio del grupo de jóvenes de tu iglesia en un periódico escolar local, uno que presente un corto testimonio de alguno de tus chicos. Pídele a los chicos que escriban un corto testimonio que les gustaría ver publicado junto con un versículo de las Escrituras. Este proyecto le dará promoción a tu grupo y también motivará a tus chicos a compartir sus experiencias. *Darrel Brock*

COBERTURA PERIODÍSTICA

Puedes recibir cientos de dólares en publicidad gratis si aprendes a pensar como el editor de un periódico: ellos siempre están al acecho en busca de fotografías con temas de la época.

Si tu grupo está planificando una fiesta de Halloween, una fotografía del grupo mientras decoran podría ser útil como una foto temática para tu periódico local. La foto solo tendrá vigencia antes del evento... no hay mucha demanda para un tema patriótico el día después de celebrar el Día de la Independencia. Ni siquiera tienes que revelar la imagen, ya que ellos lo pueden hacer fácilmente. Solo tienes que llevarle la película al editor (en ciudades más pequeñas) o a un departamento de noticias locales (en ciudades más grandes) y hablarles de las fotos que tomaste. Ellos seguirán por su cuenta a partir de ahí, y por supuesto, la decisión de publicar la foto o no es exclusivamente del periódico. Puede que te pidan una nota al calce para describir la escena o escribir ellos mismos lo que quieran y publicarlo. *Marion Hostetler*

BOLETO GIGANTE

Una buena idea para motivar conversaciones acerca de un evento es imprimiendo boletos gigantes. Esto es en especial eficaz cuando hay una tarifa de admisión. Los resultados podrían ser uno de los siguientes:

- Lo chicos querrán pagar el precio de admisión no solo para asistir al evento, sino también para quedarse con un boleto tan novedoso.
- Esto crea una imagen inusual para tu evento. Como el boleto es diferente, los chicos imaginarán que el evento será algo diferente también.
- Los chicos hablarán del tema: «Oye, ¿compraste uno de los mega boletos?».
- El boleto es un buen souvenir para después del evento. Los chicos lo traerán a la actividad para entrar y podrías hacerle una pequeña perforación o estamparle un cuño en la parte posterior para que se queden con él. Luego lo pueden colgar en la pared de su cuarto como recordatorio de cuán bien la pasaron.

El boleto gigante puede prepararse en serigrafía por un bajo precio. Debe hacerse en dos colores: un color fluorescente y brillante y otro oscuro como por ejemplo el negro. Lo importante es que se vea claro, y mientras más grande, mejor. Arriba te presentamos un boleto gigante que se usó para una película que se proyectó en los Estudios Universal en Hollywood. Lo más sorprendente fue ver a doscientos líderes juveniles apareciéndose en Universal con estos boletos gigantes. Además, como todos tenían algo en común (el boleto), esto ofreció la oportunidad de que se conocieran, rieran y conversaran, a pesar de que nunca se habían visto. El boleto gigante es particularmente bueno para banquetes, fiestas grandes y eventos donde las personas tienen la tendencia de ser extremadamente refinadas y formales.

ANUARIO JUVENIL

Comienza un anuario para tus jóvenes. Haz que alguien tome fotos de los acontecimientos que tienen lugar en tu grupo. Otra persona puede informarle a tu periódico local sobre algunos eventos de interés periodístico y coleccionar estos artículos más adelante. Consigue una libreta grande de tres anillos, con hojas cubiertas de acetato, y monta las fotos y los artículo ahí. Esta idea puede promocionar de modo eficaz algún próximo evento y proveer recuerdos divertidos para tu grupo juvenil. Incluye el nombre de los oficiales del grupo de jóvenes, el comité de retiros, los auspiciadores, las personas con reconocimientos especiales, entre otros. *Ed Bender*

ESPALDARES DE AUTOBUSES

Muchas ciudades alquilan los espaldares de los asientos de los autobuses para motivos publicitarios. Alguna cafetería o algún grupo de jóvenes de una iglesia puede alquilar este espacio por un precio sorprendentemente módico. *Jim Ramsey*

VISITAS A LAS ESCUELAS

Una manera de hacer que las visitas a las escuelas sean menos intimidantes es distribuyendo fotos de tus estudiantes en algunos eventos juveniles recientes. Haz copias dobles de las fotografías tomadas en varias de las actividades y lleva contigo a las escuelas un par de estas copias. Cuando veas a los estudiantes que participaron en los eventos, entrégales las fotos en las que aparecen. A ellos les encantarán. Sus amigos querrán ver las fotos y también preguntarán por las actividades. Los chicos estarán ansiosos de verte por ahí... o al menos de ver tus fotos. *John Wood*

EVENTOS PARA RECAUDAR FONDOS

EVENTOS PARA RECAUDAR FONDOS

¿Quieres hacer dinero? ¿Lo necesitas para un proyecto de servicio? ¿Para una excursión? ¿Necesitas mejorar el presupuesto del ministerio juvenil? Aquí te presentamos algunas ventas, subastas, recolectas y eventos de comida. Incluso ciertos trabajos peculiares por los cuales las personas pagarían, como lavar carritos de golf en los clubs locales (p. 100), aviones en los aeropuertos municipales (p. 102) o cuidar los niños de padres ajetreados en las ferias (p. 101).

COMIDA Y DIVERSIÓN

GUSTITOS EN LA VENTANILLA DEL AUTO

Puedes hacer que tus jóvenes vendan perros calientes y hamburguesas en el estacionamiento de la iglesia como una actividad para recaudar fondos o un evento especial. Los chicos deberán ofrecer el servicio en las ventanilla de los autos y esperar las órdenes de las personas que estén dentro del automóvil para entregarles su comida. Postres, bebidas y otros refrigerios también deberán ofrecerse en el menú. *Roger Voskuil*

DIVERSIÓN FAMILIAR

Presenta «El partido de baloncesto más loco del mundo», protagonizado por el grupo de jóvenes contra los adultos de la iglesia. Vende boletos, otorga premios de entrada, ofrece concesiones... todo lo que puedas incluir. El juego demostrará ser pura risa y es una buena oportunidad para involucrar a las familias y establecer grandes lazos de compañerismo. Haz de la actividad un evento anual y observa cómo aumentan la asistencia y la emoción. *Ken Bowers*

DESAYUNOS DE ROSQUILLAS DE PAN

Preparar y entregar rosquillas vendidas con anticipación para el desayuno requiere un poco de trabajo, pero la diversión y la ganancia para tu grupo de jóvenes hacen que sea algo que valga la pena.

Escoge un domingo para la entrega de los desayunos. Varios días antes del evento, reúne a los chicos para planificar el menú. Un desayuno sencillo puede incluir un litro de leche, un litro de jugo de naranja, cuatro cruasanes, cuatro rosquillas de pan y una copia del periódico dominical de tu preferencia. Intenta conseguir los periódicos gratis con algún supervisor de repartición de periódicos. Todos juntos, diseñen un logo para expresar el motivo de la recaudación y usen este logo para la publicidad. Posteriormente, colóquenlo también en las bolsas donde entregarán el desayuno. Planifica una buena promoción para la actividad. Organiza fechas para anunciarla y oportunidades para venderle el desayuno tanto a miembros de la iglesia como a los amigos y vecinos.

Establece un precio por la comida. Por ejemplo, el costo de la comida detallada anteriormente equivale a unos quince dólares. Designa a varios de los chicos y a un auspiciador para acudir a los supermercados de la localidad y solicitar descuentos en la compra de la leche y los jugos, al igual que a una panadería que pueda hacer lo mismo con los panes. Con frecuencia los comerciantes están dispuestos a ayudar cuando descubren que estás planificando una recaudación de fondos para los jóvenes de tu comunidad, así que el margen de ganancias puede llegar al cien por ciento. Finalmente, planifica un plan de distribución de los desayunos para el domingo escogido.

El sábado antes de la repartición de los desayunos, reúne a los chicos para que compren o recojan los productos necesarios, decoren las fundas con el logo y organicen los equipos de entrega para el próximo día. El domingo después de la iglesia los chicos pueden distribuir cuantos desayunos les sea posible: durante el servicio a los miembros de la iglesia y lo que sobre a varias casas durante la tarde. El proceso de entrega será eficiente y divertido si se asignan de tres a cinco niños a un punto geográfico definido.

Si vale la pena repetir el evento cada año, la cantidad de trabajo se reduce, ya que la gente sabe qué esperar y te ha ayudado en pasadas ocasiones. *Bradley Bergfalk*

LA NOCHE DE LAS PATATAS

Los grupos que organizan la siguiente actividad han obtenido ganancias netas de quinientos dólares o más.

Verifica con algún proveedor de restaurantes dónde puedes adquirir las patatas más grandes y distribúyelas entre los jóvenes para que las horneen en sus casas. Por un boleto de cinco dólares vendido por adelantado, puedes ofrecer una patata, bebida, postre, y sobre todo, cualquier cantidad de ingredientes escogidos para las patatas, servidos de forma espléndida al estilo bufé. Mientras más ingredientes para las patatas tengas... ¡mejor!

Aquí tienes las cantidades que necesitarás para alimentar a doscientas personas

215 patatas
10 libras de queso cheddar gratinado
10 libras de cebollas picadas en trozos pequeños
10 libras de setas cortadas en rodajas
24 bolsas de té tamaño familiar
1 galón de salsa para patatas
10 libras de margarina
10 libras de crema agria
1 libra de trocitos de tocineta
8 libras de carne para hamburguesas
2 onzas de trozos de cebollinos deshidratados
2 latas (#10) de salsa de queso (nacho y cheddar)
1 lata (# 10) de chili
3 bolsas de frijoles con chili
3 libras de brócoli congelado
4 latas de pimientos cortados en trozos
9 lechugas enteras
1 bolsa de tomates
Mucho papel de aluminio

El día en que celebres la noche de las patatas añádele algo de música cristiana a la mezcla (ya sea en vivo o de estudio) y tendrás una aventura culinaria que hará que tu iglesia suplique para que la repitas en unos cuantos meses. *Keith Lorry y Don Orange*

CENA ALTERNATIVA

Esta recaudación de fondos ha generado cientos de dólares para los grupos juveniles... y a la gente le encanta. Solo tienes que preparar comida para que los miembros de la iglesia la disfruten después del servicio. Ofrece algo sencillo —hamburguesas, espaguetis, chili como el plato principal, zanahorias, palillos de apio, ensaladas frías, papas fritas de bolsa, galletitas— y promociónala como «La cena alternativa: Nada de cocina, desorden, comida rápida, pizza fría, planificación o filas interminables».

Los miembros de la congregación pueden entrar en el momento que quieran al finalizar el servicio y se pueden ir a la hora que prefieran. Tampoco hay boletos, solo una caja para donaciones en la puerta. No te preocupes, los grupos de jóvenes de algunas iglesias de tamaño modesto han ganado de doscientos a trescientos dólares por cena. Solo mantén la fila en movimiento y trae segundas porciones a las mesas de los auspiciadores. Los jóvenes pueden cocinar, preparar, limpiar, servir, cuidar a los pequeños y fungir como anfitriones.

¡Una vez que hayas hecho todo esto, tu iglesia podrá solicitar «cenas alternativas» mensuales! *Linda Miller*

LE GRANDE CHATEAU

La idea es abrir (solo por una noche) tu propio restaurante francés: una experiencia culinaria elegante que incluye un entretenimiento de clase. Sin embargo, no todo lo que ofrecerás será necesariamente cierto. La trampa está en las letrerillas al final del menú, que dicen: «La administración se reserva el derecho de hacer substituciones sin el consentimiento del auspiciador». Así que, independientemente de lo que pida la gente, todos comerán lo mismo.

Le Chateau Grande

Entrées
Incluye panecillo, postre y bebida caliente

Storione à la Cardinale
$15.55

Filete estilo Nueva York
$19.20

Cordero a la Marengo y Gamberi
$17.60

Estofado Dewar
$12.00

Bigginacca de Ronaldois
$18.90

Pescado Frito Fischer
$12.75

Geschmack Perugia de Arturo
$19.00

Langosta Waikiki
$28.65
(porciones para niños disponibles)

Aperitivos
Escargot
Galettes au Fromage
Canapés
Ancas de rana
Bongo Bongo

El espectáculo en vivo comenzará a las 7:30 P.M. y las 9:30 P.M.
La administración se reserva el derecho de hacer substituciones sin el consentimiento del auspiciador.

El menú debe ser elaborado de forma que incluya platos extravagantes a precios costosos. La carta debe verse como un menú regular, a excepción, por supuesto, de las líneas al pie de la misma. La publicidad deberá incluir un sistema de reservación a fin de cuantificar la cantidad de comida que se preparará. También necesitarás un código de vestimenta (los caballeros con corbata, por favor). Las decoraciones deben ser lo más elegantes posible: flores, velas, manteles de lino en las mesas y música clásica que se escuche de fondo.

Los meseros deberán estar vestidos de etiqueta; el maître en esmoquin si es posible. La comida deberá ser agradable, pero sencilla. Jugo, ensalada mixta, pollo al horno, patatas asadas, vegetales, panecillos y postre. El programa que sigue a la cena puede abarcar lo que quieras. Asegúrate de emplear unos minutos para explicar tu proyecto y cómo se manejarán los fondos recaudados esa noche.

Al momento del cierre, los meseros pueden presentarle la cuenta a los clientes. La misma podrá instruir a las personas a hacer una donación de cualquier suma que pueden pagarle a su mesero o entregar a la salida. Con frecuencia, un evento como este logra muy buenos resultados. Todo el esfuerzo se recompensa. *Len Kageler*

POSTRES DELICIOSOS

A medida que se acerca la época festiva, tu grupo puede recaudar fondos si promocionan postres deliciosos para la venta. Solo distribuye una lista de antojitos de repostería que tus jóvenes, sus padres y otras personas de la congregación estén dispuestos a hornear y donar. Toma los pedidos, pues de esta manera sabrás con tiempo cuánto venderás y evitarás la confusión de hornear poco o demasiado. Las entradas representan un ingreso absoluto, ya que los alimentos de repostería son donaciones. *Kaye Carew*

VENTA MACHO DE REPOSTERÍA

Las ventas de repostería siempre han sido una exitosa alternativa para recaudar fondos, pero aquí te la ofrecemos con un nuevo enfoque: haz que todos lo hombres de la iglesia horneen bizcochos, galletas y pasteles, y luego organiza una Venta Macho de Repostería. Puede que hasta quieras hacer una competencia entre ellos. No podrán contar con la ayuda de las mujeres. Será muy divertido, generará mucho entusiasmo, y funcionará muy bien como actividad para recaudar fondos. *Rick Bell*

VENTA DE ROSQUILLAS

Una estrategia sencilla para recaudar fondos es hacer que los miembros de tu grupo juvenil sirvan rosquillas y café cada domingo antes y después del servicio. Las rosquillas pueden ser donadas, compradas al por mayor o hechas en casa. Las personas comprarán las rosquillas al precio establecido, lo que será suficiente para que los jóvenes recauden un poco en cada rosquilla que se venda. Para aumentar las ofrendas, también puedes ofrecer panecillos, jugo de naranja y leche. Muchas personas disfrutan de un gustito mañanero y están dispuestos a pagar por él. *Malcolm McQueen*

BUFÉ DE ENSALADA DESPUÉS DEL SERVICIO

Mientras que muchas iglesias proveen café y rosquillas para sus miembros, esta idea envuelve un bufé de ensalada. Es fácil de hacer y a los adultos les encanta. Haz que los adolescentes compren y preparen los ingredientes (lechuga, tomates, setas, coles, rábanos, semillas de girasol y aderezo) y monta el bufé de ensalada en el área de estar luego del servicio. Las personas pueden pagar un precio fijo por la ensalada o simplemente hacer una contribución de cualquier cantidad para los jóvenes. *Dave Hick*

FIESTA DE GRANOLA

Muchas personas pueden solidarizarse con esta idea. Reúne a tu grupo de jóvenes para una fiesta de granola, en la cual los chicos puedan hacer sus propias granolas para venderlas más adelante. Consigue una buena receta, preferiblemente una que incluya mucha variedad: nueces, trocitos de banana y algarroba, gotitas de chocolate, coco, granos, miel y cualquier otro ingrediente que puedas imaginar. Haz que los chicos preparen la granola en grandes cantidades, la embolsen, la coloquen dentro de latas decoradas de café, y las vendan de puerta en puerta a sus amigos y familiares. También puedes aumentar las ofertas y preparar jalea, conservas de frutas, frutos secos u otros productos naturales.

VIGILIA REPOSTERA

Aquí te ofrecemos un buen evento de recaudación de fondos para los adolescentes que les gustan las actividades de toda la noche. Se trata de una combinación de vigilia y venta de repostería. El grupo se reúne a las 10:00 P.M. (por lo regular después de algún partido u otra actividad) para comenzar los preparativos de la noche. Todos los ingredientes —la harina, el azúcar, los huevos, la leche— deberán estar ya disponibles al momento de comenzar la actividad. Los ingredientes se pueden comprar, pero siempre se recomienda conseguir a algunos miembros de la iglesia que puedan donarlos o verificar con los supermercados y distribuidores si pueden donar o vender paquetes rotos o productos que no estén utilizando. Los miembros del grupo juvenil pueden promocionar este evento y distribuir hojas en blanco para que las personas ordenen los productos que prepararán. Cuando tengas las órdenes en tu poder, no queda otra cosa que poner manos a la obra. Afortunadamente, siempre tendrás algunas madres u otros miembros de la iglesia experimentados en la cocina que ayuden en el proceso. Los productos horneados durante la noche se pueden entregar en la puerta del cliente o recogerse a la mañana siguiente. Los pagos se harán al momento de la entrega o la recogida. Los adolescentes sienten mucha satisfacción con este tipo de proyecto cuando ven que la gente goza de los frutos de su trabajo, mientras ellos disfrutan de los beneficios de recolectar fondos para el programa juvenil de la iglesia. Algunas de las ofertas pueden ser: pastel de manzana y cerezas, panqué de banana y nueces, rosquillas, panecillos de canela, biscochos, pan blanco o integral, pan de calabacín, pastelitos, galletas de azúcar o chocolate chip, tarta de crema de banana y tarta de chocolate. ¡Les irá muy bien si pueden evitar comerse todo lo que han horneado antes de venderlo! *Dwight Douglas*

RECETAS PARA RECAUDACIÓN DE FONDOS

El grupo de jóvenes puede coleccionar recetas de cualquiera miembro de la iglesia o la comunidad, organizarlas por secciones, e imprimirlas con los nombres de los colaboradores en la parte inferior de la página. Las recetas se copiarán o imprimirán para colocarlas en un cuaderno de tapa dura. Pueden vender el cuaderno de recetas para obtener ingresos. *Ron Wells*

FORMULARIO DE RECETAS:

Nombre: _____

Dirección y número de teléfono: _____
_____

Título de la receta: _____

Categoría (sopas, plato principal, postres, etc.): _____
_____

Ingredientes: _____
_____
_____

Preparación: _____
_____
_____

Rinde para: _____ personas
_____
_____

LAVADO MÁS PANQUEQUES

¡Combina un desayuno con un lavado de autos! Las personas pagarán un precio por ambos servicios. Ellas traerán su carro para una lavada y mientras esperan, entrarán a la iglesia para un desayuno de panqueques. Cuando regresen, su carro estará limpio y reluciente. *Bill Robinson*

MANOS PARA HACER LA OBRA

LAVADO DE CARRITOS DE GOLF

Este inusual evento para recaudación de fondos funciona en una comunidad que tenga al menos un campo de golf y jugadores entusiastas. Instala una caseta cerca del decimoctavo hoyo de un campo local de golf y ofréceles a los jugadores fatigados lavar los carritos. Lo único que necesitas es una autorización de los profesionales del campo de golf (o de la junta del parque para los campos municipales), una paila con agua y jabón, un colector de monedas y unos cuantos trapos o toallas. Como un servicio adicional, ofrece un encerado para la madera y un lustrado especial para las áreas de metal. La mayoría de los golfistas accederán si el dinero se recauda para una buena causa. *Warren Ueckert*

LOTERÍA DEL LÍDER DE JÓVENES

Tú podrías ser el premio mayor en una lotería del grupo juvenil. Haz que los chicos compren boletos de lotería para obtener tus servicios por un día o una noche. Por ejemplo, podrías ser el mayordomo del ganador por un sábado, lavar ventanas o hacer cualquier otra cosa que se te pueda ocurrir y no sobrepase los límites. Asegúrate de establecer las reglas antes de comenzar la lotería. *Chuck Behrens*

BOLETO DE INTERCAMBIO DE ROLES

Vende cupones, como el que te presentamos más adelante, para un evento de recaudación de fondos rápido y divertido. Los boletos le conceden a los compradores una hora de trabajo del estudiante que vendió el boleto. Puede que quieras diseñar dos boletos: uno más costoso para aquellos trabajos que sean más extenuantes o requieran más de una hora, y otro más económico para trabajos más sencillo o que requieran una hora o menos. *Michael Gulotta*

CONTRATA A UN SUPERCHICO

Organiza un servicio de empleos para tu grupo juvenil. Muchos de los jóvenes desempleados tienen mucho tiempo en sus manos después de la escuela y durante los fines de semana. Tu iglesia y tú los pueden ayudar a obtener buenos trabajos a tiempo parcial que provean una labor significativa y recauden dinero para los adolescentes y el ministerio juvenil.

Para llevar a cabo la actividad, imprime una circular atractiva que incluya la información de ciertos trabajos inusuales que los chicos pueden realizar: cortar el césped, lavar autos, cuidar niños, limpiar hogares, pintar, reparar autos, etc. Distribuye las circulares por toda la comunidad y espera a que las llamadas comiencen a llegar. Las probabilidades de que haya una buena respuesta son muy buenas.

Cuando lleguen las respuestas a tus circulares, asígnales a los chicos las tareas que se correspondan con sus habilidades y preferencias. Hazlos responsables de completar las labores y hacer un buen trabajo. Si los interesados quedan satisfechos, hay buenas probabilidades de que se conviertan en clientes regulares. Cuando los trabajos comiencen a escasear, envía más circulares o consigue algún otro método gratuito de publicidad.

Los clientes le pueden pagar a los jóvenes o al grupo juvenil. Puede que quieras ingeniar un sistema donde una parte del dinero se destine al grupo juvenil y el resto se le entregue a los jóvenes que trabajaron para uso propio. *John Collins*

BOLETO DE INTERCAMBIO DE ROLES
Donativo mínimo: $5

Este boleto le concede a su poseedor una hora de trabajo del miembro del grupo de jóvenes cuya firma aparece abajo:

Firma del estudiante: _____

Número de teléfono del estudiante: _____

Este boleto no es transferible. Todos lo arreglos para completar la hora de trabajo se harán entre el estudiante y el poseedor del boleto. No se solicitará trabajo irracionalmente extenuante que exceda la capacidad del estudiante. Todos los fondos recaudados se utilizarán para: (nombre de la actividad).

Este boleto se deberá utilizar antes de (fecha).

GRUPO JUVENIL DE LA PRIMERA IGLESIA

ALQUILA A UN ACOMPAÑANTE

Si la feria local representa un fin de semana significativo en tu área, esta actividad de recaudación no tan solo llenará los cofres del ministerio juvenil, sino que implicará un gran alivio para los padres y madres que no están dispuestos a acompañar a sus hijos en una docena de máquinas de diversión que destrozan su estómago.

Arrienda una caseta cerca de la taquilla de venta de boletos donde los papás puedan alquilar a algún estudiante de secundaria a diez dólares por un medio día, más los costos de los boletos para el niño y el adolescente. Para muchos padres, diez dólares es un precio pequeño a pagar por un hermano o una hermana mayor que acompañe a los niños y los mantenga en el remolque. Puedes negociar el precio por una cantidad de tiempo más reducida, pero la mayoría de los padres estarán dispuestos a pagar la tarifa completa.

Los niños se sentirán entusiasmados de poder montarse finalmente en aquellas máquinas de las que nunca pudieron disfrutar, los padres estarán aliviados por librarse de los aparatos ese año, y a los miembros de tu grupo juvenil no les molestará estar a cargo de un niño por unas cuantas horas… ¡sobre todo cuando pueden disfrutar gratis de los aparatos de la feria!

Bob Baker

LAVADO DE AUTOS A DOMICILIO

Envía a tus chicos en grupos de dos o tres, preparados con cubetas, esponjas, trapos, jabón y bayetas. Instrúyelos, a medida que vayan de puerta en puerta, para que le aseguren a sus clientes que para tener un carro limpio lo único que necesitan proveer es el agua. La conveniencia de un lavado de autos a domicilio con regularidad tiende a motivar una donación generosa.

Lynn H. Pryor

ZAMBULLIDA PARA PERROS

Como una actividad de recaudación de fondos inusual que funcionará con un grupo juvenil de cualquier tamaño, intenta organizar una «Zambullida para perros».

Anuncia que tu grupo de jóvenes bañará a estas mascotas un sábado en particular por un precio módico. Muchos dueños de perros detestan bañar a sus mascotas; por lo tanto, la respuesta definitivamente será tremenda.

Reúne muchas tinas de metal o plástico, champú para perros, toallas, mangueras… y prepárate para cualquier raza, desde beagles hasta perros de San Huberto.

Mike y Donna Younus

LIMPIEZA DE ÁREAS COMUNALES

Esta generosa y fiable actividad de recaudación de fondos puede convertirse en un proyecto anual para tu grupo de jóvenes. Haz un contrato con un parque de diversiones, un estadio o el organizador de desfiles más cercano para ofrecer una limpieza luego de un gran evento. El trabajo usualmente toma de un día a día y medio y puede generar cientos de dólares. Con una buena organización y un buena trabajo en equipo, este tipo de tareas no tiene por qué ser extenuante. Y un buen desempeño puede equivaler a la obtención del contrato del próximo año.

Robert Crosby

INCENTIVOS POR EL LAVADO DE AUTOS

Los lavados de autos son una estrategia popular a fin de obtener dinero para proyectos del grupo juvenil. Con frecuencia, estos son fáciles de organizar y los chicos se divierten mucho en el proceso. La mejor manera de llevar a cabo un lavado de autos eficaz es vendiendo los boletos por adelantado. Todos los chicos del grupo reciben un paquete de boletos para venderlos durante la semana antes de la fecha del lavado de autos. Muchas de las personas comprarán un boleto aunque no puedan llevar su carro el día de la actividad. Si tu lavado de autos es para ayudar a reducir los costos del campamento de verano o cualquier otra actividad que requiera que cada chico obtenga una cantidad de dinero específica, esta puede ser una buena forma de obtener el dinero de forma justa y proveer el incentivo para que los estudiantes vendan los boletos. De cada boleto que se venda por adelantado, los chicos reciben la mitad del precio del mismo a fin de reducir el costo de su matrícula para el campamento. Por ejemplo, si un niño vende diez boletos a cuatro dólares cada uno, él o ella recibe un descuento de veinte dólares en el monto de su matrícula para el campamento. Por lo tanto, mientras más boletos vendan, menos les costará ir al campamento. Esto es aunque puedan o no ayudar a lavar los autos.

El día señalado para la actividad, los chicos que laven los autos recibirán la oportunidad de ganarse la otra parte del precio del boleto. Por cada boleto que se canjee, los estudiantes que laven los carros recibirán la otra mitad del precio, dividido entre todos a partes iguales. En cuanto a los lavados de auto que se negocien en el momento (o sea, las personas que lleguen a que les laven el auto sin haber comprado un boleto previamente), todo el dinero recaudado irá a los estudiantes que están lavando los carros en ese momento. Si algún boleto no se canjea, entonces la mitad del boleto irá a manos del líder, para la transportación o cualquier otro motivo que consideres necesario.

Un sistema como este asegura que todos los estudiantes reciban el beneficio de sus propias contribuciones. Todo el dinero se deberá entregar al líder del grupo de jóvenes o al tesorero asignado. Los chicos no deberán quedarse con el dinero o manejarlo por su cuenta, ya que las probabilidades son que terminen gastándolo antes de que llegue la época del campamento. Obviamente, este sistema requiere de un registro cuidadoso de la información y unas buenas matemáticas, pero el proceso suele ser bastante justo.

Dave Griewe

UN TRABAJO LIMPIO

Si tu ministerio juvenil tiene problemas para recaudar dinero, tal vez puedan hacer como hizo un grupo en particular: convertirse en los custodios de la iglesia. Los custodios con frecuencia son difíciles de conseguir y su paga tiende a ser pobre. Con un grupo bueno y de un tamaño considerable, el trabajo se puede llevar a cabo en un corto período de tiempo y de forma adecuada. Este método por lo regular es más efectivo que intentar vender algo o pedir dinero. *Daniel Unrath*

INVENTARIO EN GRUPO

Comunícate con las grandes tiendas de ventas al detalle de tu ciudad y alístate como voluntario para un inventario en grupo. Todas las tiendas deben realizar un inventario periódico y con frecuencia necesitan ayuda temporal para hacerlo. Ellos pagarán al menos el salario mínimo, lo que puede ser una buena idea a fin de recaudar fondos para el grupo de jóvenes si los chicos acceden a donar su paga.

Richard McPherson

LAVADO DE AVIONES

Para un posible evento de recaudación de fondos, comunícate con el área de aviones privados de tu aeropuerto local e investiga las posibilidades de realizar un lavado de aviones. Los dueños de los aviones con frecuencia pagan una cantidad considerable para que laven sus aeroplanos. Lo único que se requiere es una manguera, cubetas, trapos, toallas, jabón y chicos para que hagan el trabajo. Solo se necesitarán unos cuantos aviones para que el esfuerzo valga la pena.

Grupo de Jóvenes de la
Iglesia Luterana
La Estrella Mañanera

$4.00
Lavado de autos
(interior y exterior)
Sábado 2 de octubre de 2010
10 a.m. - 4 p.m.
Estación Oficial —Woodside, a orillas del lago en la Carretera Canal

SUBASTAS Y VENTAS

CENA DE LA FORTUNA

Este evento de recaudación de fondos permite que los miembros de tu iglesia participen como compradores, vendedores o como ambas cosas. Coloca una caja en la iglesia donde las personas puedan dejar una tarjeta con una descripción breve de una comida especial que estarían dispuestas a preparar y servir en sus casas para el postor más alto. Esto puede abarcar desde cualquier plato incitante hasta hamburguesas a la parrilla. Los miembros de la iglesia pueden presentar todos los prospectos de comida que les sean posibles, y por cada uno deberán dejar saber a cuántas personas están dispuestos a servir: dos, cuatro o los que quieran. También deberán dejar escrito si recibirán niños o no.

Entonces, luego del servicio dominical, las comidas se podrán subastar a los postores más altos sin decir quién preparará los platos. Al finalizar la subasta, el comprador y el vendedor acordarán una hora conveniente en la que podrán disfrutar juntos de la comida. Todas las ganancias se recaudarán al momento de la subasta y todo lo que se gane serán ingresos. Lo mejor de todo es que este método provee muchas más oportunidades de camaradería entre los miembros de la iglesia. *Ruth Holste*

SUBASTA DE PARAFERNALIA CÉLEBRE

Si estás dispuesto a hacer un poco de investigación e invertir de veinticinco a treinta dólares en franqueo, podrás ganar unos mil dólares con esta idea. Varios meses antes del evento de recaudación de fondos, busca en los CDs, casetes y álbumes de tu colección de música cristiana las direcciones de los manejadores de los artistas, sus ministerios o agencias. También puedes llamar a tu estación de radio cristiana local para obtener las direcciones de artistas, conferenciantes, predicadores y comediantes cristianos reconocidos. Para las direcciones de estrellas de televisión, cine, deportes y cantantes, puedes pasarte el día investigando en una librería mientras estudias con detenimiento *Who's Who Among Celebrities* [Quién es quién en el mundo de las celebridades].

Una vez tengas la lista de celebridades y sus direcciones, estarás listo para comenzar con un poco de redacción. Agrupa a tus jóvenes para que pasen una noche escribiendo cartas, llenando sobres y pegando sellos. Las cartas deberán seguir este patrón: estás recaudando fondos para el grupo juvenil de tu iglesia y apreciarías encarecidamente algunos artículos donados y autografiados para una próxima subasta. Luego de que envíes las cartas, siéntate a esperar. Tu trabajo estará completo... hasta que llegue el momento de la subasta, por supuesto.

En las semanas siguientes, probablemente comenzarás a recibir mucha correspondencia de grandes celebridades: álbumes autografiados, fotografías, camisetas, libros, casetes. Es usual lograr una respuesta promedio de un cincuenta por ciento.

¡Llegó la hora de la subasta! Obtén los servicios de un subastador humorístico y una asistente atractiva que presente la mercancía. Entonces, durante una reunión llena de camaradería luego del servicio dominical (en la cual tus chicos servirán exquisitas mentas y nueces) vende los artículos a los postores más altos. *Doug King*

TIEMPO, TALENTO Y BUENAS SUBASTAS

Para recaudar fondos, puedes subastar no tan solo artículos, sino servicios especiales provistos por los jóvenes y adultos de tu iglesia. Cada joven deberá donar tres o cuatro artículos (objetos del tipo de los que se venden en una venta de garaje, tartas, o cosas hechas en casa, por ejemplo) y servicios como cuidar niños o trabajar el patio. Otras personas de la congregación pueden alistarse como voluntarios para hacer lo mismo. Tus jóvenes y tú hasta podrían trabajar juntos con los grupos de hombres y mujeres de la iglesia para confeccionar algunos artículos: el tiempo que pasen juntos probablemente sea tan valioso como el evento de la subasta.

Seis u ocho semanas antes del evento, promociona una lista de artículos y servicios para subastar, junto con los precios de subasta iniciales de cada uno. Si es posible, muestra algunos de los artículos por adelantado en la iglesia para que la gente pueda ver qué están subastando.

Durante la noche de la subasta, las personas interesadas deberán registrar sus nombres y recibir una tarjeta de subasta con un número impreso. Los jóvenes que trabajarán en la mesa de registro tomarán nota de quién compra qué. Haz que uno o dos de los adultos funjan como rematadores. Servir refrigerios añade un buen toque y provee la oportunidad para una recaudación adicional. Al final de la noche, los postores pagan por sus compras en la mesa de registro a medida que se van retirando. *Bob Machovec*

VENTA DE REPOSTERÍA MUSICAL

Esta fusión de ideas puede generar buenas ganancias para tu grupo y mucha diversión para tu iglesia. Haz que tu grupo de jóvenes prepare pasteles y productos horneados para subastar o vender y calcula los costos. Luego, reúne los CDs y DVDs donados. Envuelve los artículos en aluminio, pon un pastelito junto con cada artículo envuelto, coloca una etiqueta con el precio frente a cada par de los artículos, y subástalos al mejor postor.

Generarás ganancias y los compradores disfrutarán sus pastelitos y su música. Como estrategia alternativa para la subasta, puedes vender dulces en vez de pastelitos.

Jim Burton

SUBASTA EN UNA CENA COMPARTIDA

Organiza una cena compartida e invita a toda tu congregación a que asista. Los chicos de tu grupo cuyo apellido comience con las letras de la A a la L pueden traer un plato principal y un postre; los que tiene apellidos con las letras de la M a la Z pueden traer ensaladas y postres. Provean también el jugo y el café. Tus adolescentes se responsabilizarán además de servir y limpiar.

Pídele a cada familia que traiga un regalo que se pueda subastar: pasteles o tartas especiales, algún otro producto horneado, artículos hechos a mano o productos del hogar de un cierto valor. Coloca estos artículos en una mesa e invita a todos a que rebusquen durante la hora de la cena y vean los artículos que hay para subastar.

Cuando las mesas ya estén limpias, comienza a subastar cada uno de los artículos, dejando los más costosos para el final. Si hay alguien en tu iglesia que tenga experiencia como rematador, aprovecha su talento. Si no, busca una persona que pueda generar mucho entusiasmo para cada uno de los artículos de forma humorística. *Linda Behrendt*

VENTA DE DULCES

Si tu grupo está pensando en vender dulces como proyecto de recaudación, verifica alguna de las tiendas de dulces al por mayor para que sea tu proveedor. Con frecuencia los comerciantes locales te ayudan a economizar más que una compañía de recaudación de fondos e igual te ofrecerán la cantidad de artículos para recaudación de fondos que necesitas vender. Busca en las páginas amarillas bajo *dulces al por mayor*. *Richard Everett*

FERIA DE MUESTRAS

Esta idea requiere varios meses de preparación, pero es muy efectiva como actividad para recaudar fondos y lo suficientemente diferente como para llamar la atención. El primer paso es escribirle una carta modelo (fíjate en el ejemplo) a varias compañías que provean productos, comidas o servicios. Envía la carta a compañías locales o reconocidas a nivel nacional. Puede que quieras comunicarte con algunas de estas compañías personalmente, ya sea mediante una llamada telefónica o una visita. En la carta, pídeles que te donen una gran cantidad de muestras para tu feria de muestras:

Estimado empresario:

¿Le gustaría que le promocionáramos su producto?

Nuestro grupo juvenil ha decidido recaudar dinero a fin de comprar una cámara de vídeo para nuestra iglesia. Le hemos llamado a nuestro proyecto la Feria de Muestras. Quisiéramos solicitar su ayuda para que el evento sea todo un éxito. Nosotros, a cambio, nos encargaremos de promocionar su producto.

Nuestra petición es la siguiente: ¿Nos donaría muestras de su producto? Las muestras no las vamos a vender directamente. Nuestro propósito es vender los boletos para la Feria de Muestras por adelantado y también en la puerta. La meta es vender trescientos boletos. Cada portador de boleto recibirá una muestra que nos facilitarán cada una de las compañías, como la suya, que nos apoyan en esta causa. Para completar esta noche, los adolescentes presentarán un espectáculo de talentos.

Tenemos la certeza de que las muestras generarán interés y emoción, de modo que contaremos con una numerosa asistencia.

El evento se llevará a cabo el 18 de marzo en el salón de reuniones de nuestra iglesia. Nos agradaría mucho poder recibir sus muestras.

Muchas gracias.

Atentamente,

Asegúrate de que el encabezado tenga el nombre completo de la iglesia, la dirección y el número de teléfono. También recuerda proveer el número de teléfono de la persona a contactar si el número es diferente al número de la iglesia.

Si envías una carta como esta a numerosas compañías, puedes recibir cientos de muestras de diferentes productos. Los boletos para la feria pueden venderse al precio que creas razonable. Organiza a tus muchachos para que distribuyan las muestras en la feria: una muestra por cliente. Algunas compañías pueden proveer bolsas de plástico para guardar las muestras o enviar a un re-presentante que introduzca el producto a los poseedores de los boletos. A cualquier tarifa, los gastos generales son bajos y los beneficios altos. También puedes proveer una cabina de refrigerios o vender productos horneados para añadir un toque a las festividades. Esta podrá ser una noche divertida donde se recaudará mucho dinero para una causa justa. *Esther Maule*

VENTA DE CALLEJÓN

Para esta variación única de la venta de garaje es mejor encontrar un callejón que tenga de cuatro a cinco garajes que puedas tomar prestados. Cada garaje se convertirá en una tienda que se nombrará de acuerdo con la mercancía que se vende adentro. Un garaje puede vender artículos del hogar; otro puede vender equipos deportivos; otro puede vender antigüedades, libros, ropa o productos horneados. Dale un nombre atrayente a cada tienda (como las tiendas en un centro comercial) y coloca letreros en cada uno de los extremos del callejón para llamar la atención hacia esta experiencia única de compras.

La preparación es crucial para que este evento funcione. Necesitarás hacer una lista de las personas que puedan hacer donaciones para la venta. Es preciso recoger la mercancía, seleccionarla y ponerle precio. Promociona la actividad a través de la publicidad o anuncios de servicio público en la radio. Durante el día del evento, los trabajadores harán las ventas, estacionarán los carros y dirigirán el tráfico. La atmósfera deberá ser extremadamente festiva. Tal vez hasta puedas conseguir a algunos músicos que toquen en un extremo del callejón y algunos malabaristas o payasos que se presenten al otro extremo. Utiliza tu propia creatividad para diseñar un evento que atraiga la mayor cantidad de gente posible.

Si no puedes encontrar un callejón de este tipo, escoge una calle normal, y utiliza las áreas de césped frente a las viviendas o los garajes. Este evento funciona tan bien que puede que lo quieras convertir en una actividad anual.

Elizabeth J. Sandell

SUBASTA ALOCADA

Esta subasta alternativa funciona mejor con un grupo relativamente grande. Un artículo de valor se pone en subasta y el postor comienza en cinco centavos. La persona que ofrece los cinco centavos los lanza tan pronto ofrece pagar. El rematador anuncia que se pagó la oferta de los cinco centavos y la supera a diez centavos. Aquel que ofrezca los diez centavos lanza la moneda como compromiso firme de sus intenciones. El rematador intenta aumentar la oferta y alguien puede ofrecer veinticinco centavos, de modo que los veinticinco centavos se lanzan también, con un total final de cuarenta centavos en la olla. Las ofertas continúan hasta que nadie ofrece más y el artículo lo recibe la última persona que pagó. Todo el dinero que se recaudó se queda en la olla, incluida la oferta final. Es muy fácil vender un par de zapatos por dos dólares cuando realmente hay once dólares en la olla. *Larry Houseman*

SUBASTA CHATARRA

Diviértete y recauda dinero para tu grupo al mismo tiempo al coleccionar mucha chatarra interesante que creas que tus chicos querrán comprar. Luego haz una subasta con tu grupo. Te sorprenderá lo que los ellos desearán comprar y lo que estarán dispuestos a pagar. Desarrolla rutinas de subastas creativas y divertidas para vender los artículos. Esto es más efectivo con un grupo grande. Cuando la oferta es buena, los resultados son graciosísimos.

LÍDERES DE JUEGO EN VENTA

Entrena a tu grupo juvenil para que prepare y ejecute juegos de aventura para otros grupos y eventos con el propósito de recaudar dinero. *David Boshart*

SAN VALENTÍN MUSICAL

Aquí te presentamos una buena actividad de recaudación de fondos que funciona de maravilla el Día de San Valentín. El grupo juvenil invitará a todos en la congregación a comprar en secreto una sorpresa musical para la persona amada el domingo antes del Día de San Valentín. Puedes cobrar unos cinco dólares por cada una.

El día de San Valentín, el grupo juvenil llegará a casa de cada uno de los seres amados y entregará la sorpresa musical de San Valentín. Todo el grupo deberá vestirse de rojo y algunos de los miembros se pueden disfrazar de Cupidos. El grupo puede escribir sus propias canciones de amor divertidas o cantar algunas que ya conozcan.

Después de cantar (lo que puede ser tanto romántico como tonto) a la persona se le podrá presentar un Certificado de Cariño con el nombre de su admirador secreto. Esta actividad también puede envolver la entrega de flores y/o dulces por un costo adicional. Los ancianos y minusválidos en particular aprecian recibir una sorpresa musical de San Valentín. *Ann C. Swallow*

CAMISETAS EN SERIGRAFÍA

Las camisetas y sudaderas impresas en serigrafía son una forma moderna de arte, una moda, una exhibición del talento de los adolescentes y una cartelera ambulante para todo y cualquier cosa, incluido tu grupo juvenil. La ropa deportiva impresa en serigrafía ayuda a desarrollar la unidad del equipo para las giras corales, los proyectos misioneros y otros evento especiales. También representa un recordatorio del evento y estimula una conversación que promueve cierta actividad de un ministerio durante meses entre aquellos que vieron la camiseta y le preguntaron a su dueño sobre el significado. ¡No obstante, más allá de todo eso, las camisetas impresas en serigrafía tienen tremendo potencial para la recaudación de fondos!

Con la ayuda de tres o cuatro adolescentes puedes imprimir una camisa por cada treinta segundos una vez que tienes práctica. Comprar camisetas sin diseños al por mayor y usar a tu grupo juvenil para la creatividad y la labor significa que puedes obtener una ganancia considerable y todavía vender las camisas a un precio más bajo que las imprentas profesionales. ¿A quién le puedes vender? A todo tipo de grupo que busque camisetas impresas personalizadas: ligas de béisbol eclesiásticas, eventos denominacionales del distrito, marchas a favor de la vida y otros grupos de las iglesias de tu área, para comenzar.

Aquí tienes por dónde empezar: la compañía Hunt Manufacturing vende un equipo de serigrafía para camisetas económico que trae todo lo que necesitas para comenzar. Los precios de los equipos van desde los cuarenta y cinco hasta los ochenta dólares y los mismos están disponibles en la mayor parte de las tiendas de equipos de arte gráfico. Si no puedes conseguir el equipo, llama al número gratuito de Hunt: 1-800-879-4868 para hablar con un distribuidor de materiales Hunt-Speedball en tu área.

En cuanto a la compra de las camisetas, no tienes por qué invertir la cantidad de dinero que te pide un vendedor al detalle por una camiseta. Hay muchos distribuidores al por mayor alrededor del país a los que les puedes comprar camisetas, sudaderas, chalecos, gorras y cualquier otro tipo de artículo para imprimir a precios sorprendentemente bajos. Por ejemplo, puedes obtener la mayor parte de las marcas y colores de camisetas por $2.50 o $3.50 cada una cuando compras la docena. Aquí tienes algunos suplidores para que puedas comenzar:

- Eisner Bros. en Nueva York al 1-8426-7700
- Southern California Ts al 1-800-829-5000
- T-Shirts West, Inc. en Colorado al 1-800-543-4006
- El Predot.com en Luisiana al 1-800-422-8860
- Indiana Ts al 1-800-767-9696

Con husmear un poquito puedes conseguir otros proveedores tanto para la ropa como para los materiales de impresión. La clave para conseguir los mejores precios es ordenar por correo. Luego de eso, todo lo que necesitas es cortar y pegar un poco, una hoja de letras con pegatina o alguna combinación de impresora y software con capacidad para trabajo gráficos, un poco de talento artístico, acceso a una fotocopiadora que pueda generar transparencias... ¡y podrás producir un trabajo artístico y elegante! *David Shaw*

BOUTIQUE DE MANUALIDADES

Las manualidades y los artículos hechos a mano son muy populares. No hay dudas de que muchas personas en tu iglesia o comunidad tienen el talento de hacer cosas que se venderían en alguna boutique o tienda de regalos. ¿Por qué no montar entonces una boutique de manualidades para que ayude a financiar tu próximo proyecto misionero? Escoge una buena localidad, promociona bien la idea, e invita a todos a confeccionar alguna manualidad que le será remunerada una vez que el artículo sea vendido. Puedes comprar estos artículos a un precio al por mayor y las ganancias irán para tu proyecto. Es posible que muchas personas estén dispuestas a donar sus manualidades.

Una iglesia llevó a cabo esta actividad y en un fin de semana recaudaron sobre $20,000. Un porcentaje fijo del ingreso fue para el proyecto misionero y el resto para las personas que hicieron y vendieron los artículos. No es necesario decir que resultó todo un éxito.

MARATÓN DE PROMESAS

BOLOS MISIONEROS

Alquila una pista de bolos para su uso y organiza un torneo de bolos o simplemente una noche de juegos con la gente joven. El objetivo es recaudar dinero para una causa valiosa al aceptar las promesas de los adultos y empresarios de la comunidad. Cada chico hace una lista que registre la ayuda de los auspiciadores, que se comprometen a donar una cantidad de dinero específica (5 centavos, 10 centavos, 25 centavos o más) por cada punto que se anote durante el juego. Los chicos juegan tres partidos y el total de su puntuación determina el monto de las promesas de sus auspiciadores. En un torneo lo ganadores continuarán acumulando más puntos, por ende, recaudando más dinero para la causa. Un grupo le llamó al evento Bolos Misioneros y usaron el dinero para una misión mundial. *David Peters*

LA COMPETENCIA DE LA MECEDORA

Una competencia de mecedora de 24 horas envuelve a todo el mundo en el grupo. Los participantes comprometen a los auspiciadores a donar una cierta cantidad de dinero por cada hora que permanezcan meciéndose en la mecedora. Estas son las reglas:

- Los concursantes proveerán sus propias mecedoras.
- Los participantes deberán mecerse durante al menos cuatro horas consecutivas.
- Se ofrecerán pausas exclusivamente para ir al baño.
- Las sillas deberán estar moviéndose en todo momento.

Organiza la actividad en un cuarto amplio y provee televisión, estéreos, café, galletas y limonada. Mantén despiertos a los participantes por medio de la motivación y muchas toallas mojadas con agua fría. Los alimentos los puede proveer la iglesia o las familias. También recuerda que debes tener un registro del total de los fondos recaudados cada cuatro o cinco horas y anúncialo a los chicos: esto mantiene vivo el entusiasmo.

Luego de que los participantes terminen de mecerse, se les ofrecerá un certificado con su tiempo oficial para mostrárselo a los auspiciadores. Mantén un registro oficial de todos los participantes y sus tiempos para asegurarte de que todo el dinero sea recaudado. Toma muchas fotos e invita a la estación local de televisión para que filme el evento. *Dick Stiansen*

MECEDORAS Y ATRAPADAS AL REVÉS

He aquí un buen evento para el 29 de febrero o cualquier otro día. Es un evento inusual. Se trata de una mezcla de atrapada y competencia de mecedoras al revés. Una atrapada es una actividad de fin de semana en la cual los estudiantes traen sacos de dormir y acampan dentro de la iglesia, y una competencia de mecedoras es un evento de recaudación de fondos que conlleva mecerse en una mecedora por un largo período de tiempo.

Para hacerlo a la inversa, los chicos deberán llegar con sus ropas al revés, caminar al revés, decir adiós cuando entran y así sucesivamente. Juega algunos juegos al revés, sirvan el desayuno en la noche, siéntense al revés en las mecedoras y cuenten las horas en retroceso (empieza con 10 horas y termina en cero). Piensa de forma creativa para esta actividad y será muy divertida. *Steve Burgener*

COMPETENCIA DEL SERVICIO

Se le añade una nueva dimensión a la idea de la Competencia de la Mecedora cuando los jóvenes prometen una hora de servicio por cada hora que se mecen. Por ejemplo, si 20 chicos se mecen por 12 horas, el equipo entero promete 240 horas o servicios. El grupo podrá cumplir con su tiempo visitando a los enfermos, asistiendo a retiros de servicio y campamentos de trabajo, o podando el césped de las personas minusválidas. Claro, siempre habrán auspiciadores adultos que den cierta cantidad de dinero por cada hora de mecida; pero los adultos están más dispuestos a hacer promesas si saben que los jóvenes trabajarán y darán algo ellos mismos. *Elaine Rowe*

PARTIDO DE BALONCESTO A DÓLAR

Un partido de baloncesto que coloca a dos equipos rivales en oposición puede ser muy divertido y efectivo. Compromete a las personas para que donen un dólar por cada punto anotado por su equipo favorito. El tiempo del partido puede ser regulado y abierto al público.

Una variación de este evento sería un juego maratón, que duraría la cantidad de tiempo que los jugadores puedan continuar. Los donantes pueden prometer un centavo por punto, basándose en el total de punto anotados por ambos equipos. Mientras más puntos se anoten, más dinero se recaudará. En otras palabras, si los equipo juegan continuamente por ocho horas y logran un total del 1,250 puntos, entonces cada donante pagará $12.50. Por supuesto, las promesas pueden ser de una cantidad mayor (como el partido a dólar), pero la gente puede dar tanto como ellos entiendan que pueden dar. Si las personas saben con tiempo de anticipación que los fondos se recaudarán para una causa valiosa, la respuesta por lo general suele ser mayor. *Robin Williams*

MARATÓN DE ESCRITURA

Haz que tu grupo inscriba a varios auspiciadores con la promesa de que los adolescentes llevarán a cabo un maratón de escritura durante toda la noche, es decir, se quedarán despiertos toda la noche escribiendo cartas motivacionales para grupos de jóvenes de otras iglesias, ministros, estudiantes universitarios de su grupo, misioneros, familiares, líderes comunitarios o miembros del Congreso.

Ya que las cartas se pueden escribir rápidamente, las cantidades prometidas deberán ser menores de lo usual: alrededor de cinco o diez centavos por carta. Si un adolescente escribe setenta y cinco cartas en una noche (cosa que no es inusual), eso equivale a cuatro u ocho dólares por auspiciador. Usa el permiso de envío en grandes cantidades que tiene tu iglesia para economizar en el servicio postal. *Doug Rice*

MARATÓN DE AFEITADAS

Para este evento, necesitarás reclutar la mayor cantidad de varones que puedas (patrocinadores, chicos universitarios) que ya tengan edad suficiente para afeitarse y estén dispuestos a no rasurarse en dos o tres semanas. Querrás contar con caras masculinas rudas por las que las chicas estén dispuestas a pagar grandes cantidades con tal de afeitarlas.

El día del maratón, ten a mano todo tipo de rasuradoras, crema de afeitar y loción para después de afeitarse. Luego, subasta a los chicos para que las mejores postoras los rasuren. Con todo tipo de rasuradoras y crema de afeitar a su disposición, podrán cortar y afeitar a su gusto... y muchos hombres saldrán del lugar con trocitos de papel adheridos a sus cortaduras. Además, mantente alerta: ¡Si los varones se dan cuenta de que han sacrificado demasiado de sus rostros, este evento de recaudación puede terminar como toda una pelea de crema de afeitar! *Rox Riendeau*

MEMORIZANDO LAS SAGRADAS ESCRITURAS

Este evento ofrece beneficios tanto espirituales como financieros para tu grupo.

Desafía a tus adolescentes a que memoricen las Escrituras. Distribuye listas de 30 a 50 versículos, salmos o capítulos completos, porciones de las Escrituras o una mezcla de todas las cosas anteriores. Dale a tu grupo un período de tiempo de dos a tres meses. Durante este tiempo los jóvenes les solicitarán a las personas de la congregación que los auspicien, en este caso, con una cantidad de dinero fija por cada verso memorizado. Muchas personas de tu iglesia estarán dispuestas a apoyar la competencia.

Cuando llegue el momento del pago, los auspiciadores tendrán el derecho de pedirle a los chicos que citen los versículos que se han aprendido con las referencias de las Escrituras, claro está: libro, capítulo y versículo. Como método alternativo, puedes darle gran importancia al día o la noche del recital de versículos, convirtiéndolo en una fiesta o una competencia, ya sea abierta a la congregación o exclusiva para el grupo.

De todas maneras, los chicos no solo tendrán dinero en sus bolsillos, sino también la Palabra de Vida en sus manos. *Greg Pile y John Stumbo*

PODA DE CÉSPEDES

¡Haz compromisos para podar céspedes y recauda fondos! Reúne a cuanto joven puedas conseguir con podadoras y provee transportación para cada uno de ellos. Promociona por medio de circulares y afiches que un sábado en particular tu grupo podará el césped gratis. Consigue la mayor cantidad de personas que puedas inscribir para que les poden sus céspedes.

Ahora vamos a la parte del dinero: Reparte hojas de compromiso a todos tus adolescentes y haz que consigan a personas que se comprometan a pagar 10 centavos, 20 centavos o cuanto quieran por cada césped que tu grupo pode, desde las 6:00 A.M. hasta las 6:00 P.M. de ese día. Esto no tan solo aumenta los ingresos de tu grupo, sino que provee un buen servicio para las personas de tu comunidad. *Rick Wheeler*

MARATÓN DE LAVADOS DE AUTOS

Aquí tienes una forma innovadora de asegurar que tu próximo maratón de lavados de autos sea todo un éxito. Sin embargo, ya que envuelve a personas que donen dinero en lugar de pagar en realidad por el lavado del auto, es mejor reservar esta idea para generar fondos destinados a los más necesitados en vez de para obtener ingresos con el objetivo de enviar al grupo de jóvenes a un parque de diversiones. Básicamente, así es como funciona: Además de vender los boletos para el lavado de autos, aceptarás promesas de pagar una cierta cantidad por el número de autos que se lavaron durante el día... no tan solo los que lave una persona, sino todos los que lavó el grupo completo. En otras palabras, si alguien promete 10 centavos por cada auto que se lave y durante el día el grupo lavó un total de 70 carros, la promesa equivaldría a 7 dólares. Si cada uno de los chicos obtiene de uno a dos dólares en promesas, más los boletos vendidos del lavado, todo suma un muy buen ingreso para un lavado de autos tradicional.

Así como en todo lavado de autos, asegúrate de que una buena cantidad de chicos esté disponible para el trabajo. Cerciórate de que haya suficientes mangueras, toallas, cubetas, cepillos y aspiradoras. También garantiza que los carros queden más limpios que en el lavado de autos automático que está más adelante. Esto hará las cosas más fáciles cuando llegue el momento de promocionar el próximo lavado de autos.

Bill Rudge

MARATÓN DE LECTURA

Una actividad similar es el Maratón de la Biblia, pero el Maratón de Lectura es un poco más flexible. La idea es escoger un fin de semana u otro momento conveniente para la lectura continua (ya sea de la Biblia, libros cristianos o alguna otra buena literatura) la mayor cantidad de tiempo posible.

Un grupo realizó la actividad un viernes por la tarde y leyó la Biblia sin parar hasta el servicio del domingo en la mañana. Una persona leía mientras el resto del grupo permanecía como audiencia y la escuchaba leer. Los lectores se mantuvieron intercambiando en todo momento y leían la mayor cantidad de tiempo posible. El grupo fue capaz de leer todos los capítulos de Génesis, Éxodo, Josué, Jueces, Rut, 1 y 2 Samuel, 1 y 2 Reyes, Job, Salmos, Proverbios, Eclesiastés, Cantares, Isaías, Jonás, Daniel, Mateo, Juan, Hechos, Romanos, 1 y 2 Corintios, 1 y 2 Juan y Apocalipsis.

Cada chico consiguió auspiciadores que prometieron una cierta cantidad por cada hora de lectura continua. Eso puede reunir una buena suma de dinero si los jóvenes trabajan bien. Por ejemplo, 30 chicos que reciban promesas de aproximadamente $5 la hora pueden recaudar $3,600 por un día de 24 horas. Sin embargo, lo que hace que este evento de recaudaciones sea distinto es que también puedes programar que alguien registre todo el Maratón de Lectura en casetes. Estos casetes se pueden utilizar para proveerles ya sea la Biblia o algún otro tipo de literatura a los ciegos o los ancianos a quienes ya se les hace difícil leer. Las grabaciones también ayudan a asegurar que los chicos lean sin cometer muchos errores.

La ventaja de leer otra cosa que no sean las Escrituras es que no corres el riesgo de que los niños se cansen tanto de leer la Biblia después de esta experiencia tan dura, que no quieran volver a abrir una en su vida. Así que puedes considerar leer a C. S. Lewis, Tolkien o alguna otra buena literatura que los chicos puedan entender y disfrutar. Sin embargo, la Biblia se puede usar siempre y cuando la experiencia sea positiva, llena de mucha diversión y no resulte forzosa para nadie. Asegúrate de ello y ofrécele a los chicos pausas periódicas (cinco minutos por cada hora) para que coman, se estiren y vayan al baño. Procura que los chicos logren descansar bien el día antes del evento y permite que alguien se rinda cuando así lo desee. *William C. Humphries*

COMPETENCIA DEL HOMBRE DE HIERRO

Escoge a varios papás o a algunos miembros varones de la junta o el personal de la iglesia para que participen en esta competencia divertidísima. Los concursantes (armados con sus propias planchas, tablas de planchar y camisas) plancharán la mayor cantidad de camisas posible en una cantidad de tiempo específico. Cada camisa se juzgará por su calidad y detalles, mientras que las personas de la audiencia harán promesas de dinero por cada camisa que se planche. El mejor «hombre de hierro» se premiará con un trofeo, aunque todos los concursantes recibirán certificados. Mira el Certificado del Hombre de Hierro en la p. 111. Colecciona el dinero de las promesas antes que termine el evento.

- **Promoción.** Algunas semanas antes del evento, dramatiza una escena corta para la congregación desarrollando la idea de la competencia del hombre de hierro. El diálogo promocional de la actividad lo encuentras en la p. 111. Otro domingo invitarás al frente a uno de los concursantes, quien alega que será el ganador, y permitirás que muestre una camisa con la que ha estado practicando su planchado. La camisa deberá estar chamuscada por unos lados y por otros deberá estar quemada al punto de abrírsele huecos.
- **Refrigerios.** Contacta a los mejores cocineros para que preparen sus postres favoritos y los traigan el día de la competencia. El grupo de jóvenes proveerá bebidas para todo el mundo.
- **El trofeo.** Prepara un trofeo para el hombre de hierro. En alguna tienda de trofeos compra una base de mármol (de $7 a $8) con una placa de metal grabada con las palabras CAMPEÓN–HOMBRE DE HIERRO. Luego, busca una plancha de viajero en alguna tienda rocíala con spray de color oro y móntala sobre la base del trofeo. Puedes hacer circular el trofeo y utilizarlo en competencias del hombre de hierro subsiguientes.
- **Las promesas**. Registra las promesas de dinero la noche de la competencia para ahorrar tiempo y planificación. O también puedes colocar fotografías de los concursantes en una zona muy transitada de la iglesia y permitir que tus chicos recojan por adelantado las promesas de dinero para alguno de los concursantes o todos ellos. Observa la Hoja de Promesas en la p.112.

• **El gran día.** Organiza la competencia como si se tratara de un programa de juegos en la televisión. Pídele a una persona que se mantenga haciéndoles comentarios divertidos a los concursantes durante el momento de la acción. Usa un marcador de tiempo portátil o filma un cronómetro en movimiento y luego reproduce la cinta para mostrar el tiempo que va transcurriendo. Pon música acelerada como la de los juegos de la televisión para añadirle adrenalina a la competencia. Las esposas de los concursantes pueden fungir como entrenadoras personales. Entrégales botellas de agua y toallas para el sudor y deja que desempeñen su papel al fondo.

• **Jueces.** Permite que los jueces utilicen el Formulario de la Competencia del Hombre de Hierro (en la p.113) para determinar el ganador de la competencia. Verifica detalles tales como pliegues en las mangas, arrugas en el cuello, lisura alrededor de los botones, dobleces en la parte posterior, el almidonado en general de la camisa, si se llegó a usar un delantal o si la esposa ayudó. Cada detalle se evaluará con una puntuación del 1 al 10.

• **La conspiración.** A la mitad de la competencia, llama la atención de la audiencia al hecho de que el trofeo ha desaparecido. Acusa a alguno de los competidores de haber robado el trofeo y haberlo vendido. Entonces, en un televisor, muestra la grabación de una cámara escondida (como evidencia del FBI) donde aparecen dos sujetos no identificados en un cuarto de motel intercambiándose el trofeo por una gran cantidad de dinero.

La presentación es esencial en la competencia del hombre de hierro para que el evento sea todo un éxito. Hazlo divertido para la audiencia y los concursantes. Ten una cantidad suficiente de hojas de promesas a la mano de modo que todas las personas presentes puedan participar de la diversión. *Martin Barker*

RECOGIDA DE DESPERDICIOS

Uno de los problemas con la mayoría de las competiciones es que no logran nada más allá de la recaudación de dinero. Sin embargo, la recogida de desperdicios le da un giro al concepto añadiendo el beneficio de un mejor medio ambiente a medida que recaudan ganancias. En vez de sentarse en una mecedora, los chicos recogen la basura mientras hacen una caminata o montan bicicleta, consiguiendo que alguien los auspicie al comprometerse a pagar una cantidad específica de dinero por cada bolsa grande de desperdicios que logren recoger.

La clave es escoger un espacio que esté bastante sucio. Tu departamento de contaminación o salud local puede ayudarte a ubicar los peores lugares, que serían los mejores en este caso. Si el espacio está lo suficiente abandonado, cada chico puede recoger de 15 a 20 bolsas en aproximadamente 5 horas sin ningún tipo de problema. Este proyecto llama la atención de los auspiciadores porque están contribuyendo a limpiar la comunidad y al mismo tiempo ayudando a los

Diálogo promocional del Hombre de Hierro

Preséntale esta breve escena de promoción a tu congregación una o dos semanas antes de la competencia del hombre de hierro. Equipa a alguien con una cantidad ridícula de pertrechos deportivos: bicicleta, casco de bicicleta, tenis de correr, mallas de lycra y un cronómetro. Usa también una máscara para bucear, un esnórquel y una mochila.

Una PERSONA ya está en el auditorio. El HOMBRE DE HIERRO entra

PERSONA: (como si el Hombre de Hierro estuviese interrumpiendo). ¡Permiso!
HOMBRE DE HIERRO: ¿Eh?
PERSONA: ¿Quién eres tú?
HOMBRE DE HIERRO: Biff.
PERSONA: ¿Y qué haces, Biff?
HOMBRE DE HIERRO: Algo radical que dejará a todos asombrados. Estoy entrenando.
PERSONA: ¿Entrenando para qué?
HOMBRE DE HIERRO: Para la prueba más fuerte de resistencia, agilidad y fuerza masculina.
PERSONA: ¿Y cuál es esa competencia?
HOMBRE DE HIERRO: La competencia del hombre de hierro, mi hermano. ¿No ves mi equipo?
PERSONA: Sí… eh… muy impresionante. No obstante, ¿el Triatlón no es en Hawai?
HOMBRE DE HIERRO: No, mi hermano. Acabo de ver unos afiches por todos lados anunciando que habrá una competencia del hombre de hierro aquí.
PERSONA: Bueno, sí. Tendremos una competencia del hombre de hierro, pero no es el tipo de competencia que estás pensando.
HOMBRE DE HIERRO: ¡Ummm!
PERSONA: ¿Quieres ver el trofeo? (sujeta el trofeo de la plancha)
HOMBRE DE HIERRO: ¡Mi hermano, pero eso es una plancha!
PERSONA: ¡Muy perceptivo! Nuestra competencia del hombre de hierro decidirá cuáles de los hombres de nuestra iglesia son los mejores a la hora de manejar una plancha. La actividad es con el fin de recaudar fondos para el grupo juvenil aquí en _____ (nombre de la iglesia).
HOMBRE DE HIERRO: ¡Excelente! ¿Y qué hay con la comida? Yo no vengo a menos de que haya comida.
PERSONA: Tendremos los mejores postres que encontrarás en cualquier lugar. Todo sucederá aquí a las _____ _____ (hora y fecha), así que no te lo pierdas.

C O M P E T E N C I A   D E L

HOMBRE DE HIERRO

Certifico que _____

participó en la competencia del hombre de hierro del 20__

y recibió el premio _____

el día _____ de _____ del año 20___.

HOJA DE PROMESAS
PARA LA COMPETENCIA

HOMBRE DE HIERRO

Nombre:_____

Dirección: _____

Ciudad: _____ Código Postal: _____ Número de teléfono:_____

Por favor, llene la siguiente hoja de promesas para indicar cuál Hombre de Hierro estaría interesado en patrocinar.
1. Anote la cantidad que quiera prometer por camisa planchada.
2. Cuando termine la competencia, calcule cuál es el total para cada hombre de hierro.
3. Sume el total de todas las promesas que hizo.
4. Una vez complete su formulario, llévelo a la mesa indicada donde puede gestionar su pago.
5. La parte baja de este formulario la puede utilizar como recibo.

Hombres de Hierro	Promesas para camisas	Total prometido
_____	$___por camisa (x___camisa)	= $_____
_____	$___por camisa (x___camisa)	= $_____
_____	$___por camisa (x___camisa)	= $_____
_____	$___por camisa (x___camisa)	= $_____
_____	$___por camisa (x___camisa)	= $_____
_____	$___por camisa (x___camisa)	= $_____

GRAN TOTAL $ _____

- -

Gracias por su apoyo incondicional al departamento de jóvenes..

COMPETENCIA DEL HOMBRE DE HIERRO

_____
(fecha)

¡Gracias por su apoyo! Total: $_____

FORMULARIO DE LOS JUECES
COMPETENCIA

HOMBRE DE HIERRO

Para: _____
(nombre del concursante)

Califica cada categoría en una escala del 1 al 10:
____ Camisa terminada
____ Usó delantal
____ Pliegues y mangas
____ Cuello
____ Botones frontales
____ Almidonado de la camisa
____ Sin ayuda de la esposa

Total: _____

FORMULARIO DE LOS JUECES
COMPETENCIA

HOMBRE DE HIERRO

Para: _____
(nombre del concursante)

Califica cada categoría en una escala del 1 al 10:
____ Camisa terminada
____ Usó delantal
____ Pliegues y mangas
____ Cuello
____ Botones frontales
____ Almidonado de la camisa
____ Sin ayuda de la esposa

Total: _____

jóvenes. Puede que logres conseguir que algún comerciante local provea un premio para los chicos. Por ejemplo, un premio para el chico que más auspiciadores tenga y otro para el que recogió la mayor cantidad de basura. *Ray Houser*

LA CAÍDA DEL DOMINÓ

Con seguridad muchos han visto los increíbles laberintos de dominós en los que las piezas se colocan de un lado a otro para formar un diseño enorme. La ficha que está al principio del diseño se empuja y poco a poco cada una de las restantes va cayendo hasta que el laberinto se cae completo. Muchos de estos diseños son tan complicados que en ocasiones se necesitan minutos para que finalmente se caigan todas las fichas de dominó.

Haz que tu grupo juvenil consiga personas que prometan pagar una cierta cantidad de dinero por cada ficha de dominó. Luego permite que tu grupo prepare un diseño que incluya la mayor cantidad de fichas que puedan conseguir. Por supuesto, deben practicar con antelación para encontrar el mejor diseño posible. Cuando hayan terminado el diseño final, empujarán la ficha de un extremo y verán cómo caen las demás. Cuenta todas las fichas de dominó que cayeron y multiplica la cantidad resultante por el monto de la promesa. Esto puede ser una actividad para recaudar fondos novedosa y muy divertida para todos. *Bob Moyer*

OTRAS IDEAS DE RECAUDACIÓN

MARATÓN DEL BALÓN PESADO

Consigue un balón gigante y pesado (pushball en inglés) y planifica un día en el que tus jóvenes puedan empujar el balón alrededor de la comunidad por una distancia de 8 a 40 kilómetros. Es posible que necesites obtener un permiso para desfiles de tu ciudad en dependencia de las circunstancias, así que presta atención. Haz que los chicos comprometan a todos los adultos a darles una cantidad específica de dinero por cada milla que recorren empujando el balón. El dinero puede utilizarse para un proyecto útil o algún evento de caridad en la comunidad, y con un poco de publicidad, podría convertirse en un gran programa de servicio comunitario. Obtén un auto o una camioneta con un letrero para que dirija el camino y así los espectadores sabrán qué está sucediendo. *Steve Riggle*

EXPLOSIÓN LITERARIA

Haz que el grupo de jóvenes escriba un libro. Descubre el potencial creativo del grupo y haz que los chicos escriban historias, poesías, artículos y ensayos, o presenta caricaturas, dibujos y cualquier otra cosa que se pueda reproducir. Edítalo con la ayuda de un comité y llévalo a reproducir mediante el método de impresión *offset* (de esta manera, podrás incluir las fotos). O puedes hacer también todo en tu computadora. Una impresora local o una encuadernadora puede encuadernar todo en forma de libro. Escoge un título llamativo y diseña una buena carátula que se pueda imprimir con carpetas que tengan en reserva. Los libros se pueden promocionar y vender en la iglesia y la comunidad como un buen proyecto de recaudación de fondos. *Mary McKemy*

SUBASTA DE CAMISETAS ANTIGUAS

Si tus predecesores usaron camisetas durante sus campamentos, retiros y eventos especiales, probablemente existe una pila de camisetas antiguas arrinconadas en algún clóset del departamento de jóvenes. No las regales ni las uses como trapos para el lavado de autos. ¡Véndelas!

Promociona la subasta usando la antigüedad de las camisetas (¡Camisetas de época a partir de 1972!). Si no tienes ninguna especial, puedes confiscar una camiseta vieja de escuela de alguno de tus auspiciadores y sorprende a los chicos con ella. Comienza la oferta y disfruta de la diversión mientras lo jóvenes compran reemplazos para su propia colección de camisetas, camisetas de eventos sobre los que nunca han escuchado y camisetas para sus osos de peluche. *R. Michael Naron*

PLATOS DE OFRENDA TAPACUBOS

¿Cansado de los platos de ofrendas formales? Añádele un poco de clase a tus reuniones de jóvenes usando tapacubos como platos para las ofrendas. Muchos de los depósitos de autos descontinuados están dispuestos a donar un par de esos platos para una buena causa. Escoge tapacubos con forma de vasija y fórralos con terciopelo o fieltro. Dales uso entre las reuniones colgándolos en la pared. *Bob King*

GLOBOS LLENOS DE HELIOS

Tu grupo puede reunir dinero el día de San Valentín o cualquier otro día especial vendiendo y entregando globos llenos de helio. Haz que tus chicos tomen las órdenes tres semanas antes del día de la actividad y luego coordina con una tienda local de globos o artículos de fiesta para que suplan los globos y el helio a precios al por mayor, o tal vez incluso al costo.

Cada persona que ordene un globo debe llenar una de las fichas para órdenes con el nombre, la dirección, y el número de teléfono del destinatario. Incluye también el nombre del vendedor y el número de globos vendidos. Deja un espacio al otro lado de la tarjeta para un mensaje de parte del remitente. El cliente pagará entonces por el globo y le regresará la tarjeta al vendedor. Colecciona todas las tarjetas por varios días antes del evento especial y agrúpalas por área geográfica.

El día de la entrega, dos personas pueden llegar temprano para inflar los globos y adjuntarles los mensajes. El resto del grupo puede presentarse una hora después a fin de entregarlos. *Diane E. Deming*

TORNEO DE GOLF

Algunos programas juveniles han tenido mucho éxito auspiciando torneos de golf en la comunidad. Esto funciona mejor si asistes a una iglesia grande donde hay muchos golfistas o si tienes una forma de atraer a los golfistas de distintas áreas.

Necesitarás reservar un campo local de golf y si es posible negociar la tarifa de juego. Una persona con algo de experiencia en torneos de golf precisará organizar el evento para establecer las reglas y la hora en que el juego comenzará. Puedes colocar a la vista algunos de los premios donados para ofrecérselos a la puntuación más baja, a la puntuación más alta, al que más cerca llegó a la bandera del hoyo 18, etc.

Es posible que quieras hacer una lista con algunos jugadores célebres para que funjan como anfitriones de cada grupo de cuatro. La tarifa de entrada puede ser lo suficiente alta para que sea un buen evento de recaudación, pero lo bastante módica para que atraiga a muchos jugadores. Puedes concluir el torneo con un banquete para entregar los premios y explicar el propósito de la misión.

ACCIONES DEL GRUPO JUVENIL

Aquí te presentamos una forma inusual de financiar tu próximo proyecto. Imprime certificados de acciones y véndelos a los miembros de la iglesia o la comunidad como una inversión. Cada acción se puede vender por un dólar, sin que haya límites de cuántas acciones alguien puede comprar. Algunas personas querrán comprar una acción; otras puede que deseen comprar cien. Las acciones les brindan un sentido de pertenencia al proyecto y les otorgan el derecho a asistir a una reunión de accionistas para que puedan saber cómo van sus inversiones. También es posible imprimir un reporte de las acciones. Tanto la reunión como el reporte pueden incluir fotos, testimonios de los chicos que participaron y un estado financiero. *Nancy Freyer*

DINERO MANÍA

¿Quieres que tus jóvenes se obsesionen por dar? Intenta llevar a cabo el evento «Dinero Manía» la próxima semana de campamento o Escuela Bíblica de Vacaciones. Pídeles a todos que traigan un cierto tipo de moneda todos los días o noches que recojas una ofrenda de acuerdo con el siguiente plan:

- **Lunes.** *Noche de los 10 centavos.* Cada persona dará 10 centavos por cada miembro de su familia.
- **Martes.** *Noche de los 5 centavos.* Se entregarán cinco centavos por cada letra del nombre del donante.
- **Miércoles.** *Noche de 1 centavo.* Un centavo por cada libra que pese el donante.
- **Jueves.** *Noche de los 25 centavos.* Veinticinco centavos por cada pie (30,48 cm.) que mida el donante.
- **Viernes.** *Noche del dólar.* ¡Un dólar por cada corazón que tenga el donante!

Puedes utilizar este sistema para recaudar una ofrenda con prácticamente cualquier propósito. Una variante es llevar las ofrendas todos los domingos durante cinco semanas consecutivas. Asegúrate de que tengas suficientes envolturas para monedas. Estarás sorprendido de cuánto disfruta la gente entregando de lo suyo mediante esta estrategia. *Tommy Baker*

DÓLARES POR PUNTOS

Aquí te explicamos cómo dividir el dinero de una recaudación de fondos de todo el grupo para destinarlo a las cuentas individuales de cada estudiante participante.

La palabra clave es participación. Con un sistema de puntuación como el que te presentamos a continuación, los estudiantes acumulan créditos para el costo de actividades juveniles auspiciadas por la iglesia. El dinero puede incluso transferirse a la cuenta de algún otro estudiante si el estudiante y sus padres están de acuerdo. Para obtener el valor en dólares de un punto, solo divide la ganancia total de la recaudación por el número total de puntos emitidos.

Digamos que tu evento de recaudación fue una cena de enchiladas. Cuando estés comenzando la planificación del evento, publica un afiche como el que te presentamos a continuación.

Dólares por puntos

☐ **Afiche: 1 punto**
Diseña afiches promocionales para el evento de recaudación. Los afiches terminados se deberán entregar al menos dos semanas antes del evento. Límite: un punto por un afiche entregado por persona.

☐ **Donación de comida: 1 punto**
Dona 5 dólares en comida que se puedan usar durante la cena. Trae los artículos a la iglesia el domingo antes de la comida. Límite: dos puntos por compras de comida por persona.

☐ **Frijoles: 1 punto**
Cocina y entrega 5 libras de frijoles a la iglesia temprano el día de la cena. Límite: dos puntos por la cocción de frijoles por persona.

☐ **Postre: 1 punto**
Haz un postre y entrégalo a la iglesia temprano el día de la cena. Límite: un punto por postre por persona.

☐ **Venta de boletos: 1 punto por cada 10 boletos**
Esta es la mejor manera de ganar puntos extras y asegurar el éxito de la cena. No hay límites. Debes vender al menos 10 boletos para poder trabajar en la cena (ver más adelante).

☐ **Participación de jóvenes: 1 punto**
Si has vendido al menos 10 boletos, puedes ganar un punto por trabajar un turno. Un tiempo adicional puede ser donado si se necesita para beneficio de todo el ministerio juvenil, sin embargo, solo se concederá un punto por esta participación. Si eres elegible para trabajar, pero no te es posible, un sustituto podría encargarse de un turno en la cena y ganarse el punto por ti. Límite: un punto por trabajar un turno por persona.

☐ **Participación de padres y adultos: 1 punto**
Inscribe a un padre o algún otro adulto para que trabaje un turno. Los adultos pueden donar tiempo adicional si es necesario para beneficio de todo el ministerio juvenil. Límite: dos adultos, un punto por adulto.

TARJETAS DE PRESENTACIÓN EN MANTELES

Aquí le damos un giro a la idea del desayuno de panqueques que en verdad genera ganancias. Diseña un mantel individual modelo para usarlo en el desayuno. En el mantel, separa un espacio para una tarjeta profesional. Haz que los miembros de tu grupo hagan copias del mantel individual original y las presenten junto con una carta de explicación a las compañías locales a fin de vender el espacio como alternativa publicitaria. Cobra $50 o la cantidad que los comerciantes de tu comunidad puedan pagar. El espacio se puede llenar con tarjetas de presentación, un anuncio pequeño o alguna otra cosa que puedas promover. Los manteles originales se pueden diseñar de modo que cada uno presente una publicidad diferente. O puedes cobrarle menos a los anunciantes y colocar varios anuncios en cada uno de ellos. Al hacer copia de los originales, tendrás manteles individuales para varias actividades de la iglesia. *Jeff Keas*

LA BATALLA DE LOS SEXOS

Construye una pesa de madera que soporte dos latas de pintura vacías. Deja que las chicas del grupo juvenil decoren su lata y que los muchachos decoren la suya. Haz unas rendijas en las tapas y motiva a las personas de la congregación para que depositen las monedas de su cambio en la lata de pintura de su preferencia. Después que hayan pasado cierta cantidad de domingos, declara que alguna de las dos latas, ya sea la más pesada o la que más cantidad de dinero contenga, será la ganadora. Si los hombres ganan, las mujeres usarán gorras de béisbol y servirán donas y café después de la iglesia la semana próxima. Si las chicas ganan, los chicos usarán delantales y servirán panecillos dulces y café. Los hombres y mujeres adultos donarán los alimentos y al final todos ganarán.

Kimberlee Ingraham

CLUB DE PROPULSORES DE PAPEL

En la mayoría de las localidades es posible ganar dinero al reciclar periódicos usados. Se requiere mucho papel para que la idea se convierta en una inversión, pero si se organiza adecuadamente, puede resultar un buen método a fin de obtener dinero para tus proyectos en desarrollo.

Anima a la congregación y los vecinos para que participen en el Club de Propulsores de Papel. Al unírseles, les puedes dar un certificado de membresía oficial con los detalles sobre la recogida. Ellos prometerán guardar todo sus periódicos exclusivamente para tu grupo. Una vez al mes organiza una ruta de recolección de periódicos de tal manera que tus adolescentes puedan recoger todo el papel. Si mucha gente participa, puedes generar muchas ganancias. Lo mismo se puede hacer con las latas de aluminio y otros artículos que puedan reciclarse a cambio de efectivo.

Dallas Elder

CERTIFICADOS DE REGALO DEL MINISTERIO JUVENIL

Las actividades cuestan dinero. Por lo tanto, para reducir la demanda de dinero a los padres, ofrece certificados de regalo que se puedan canjear por actividades del grupo juvenil. Amigos, familiares y vecinos pueden comprarlos para obsequiarlos en los cumpleaños, premiar las buenas calificaciones o compensar los días no tan buenos. La oficina de los jóvenes o de la iglesia mantendrá los registros y los chicos (o sus padres) desembolsarán menos dinero cuando se acerque un evento. *Beth Brittain*

RECAUDACIÓN DE FONDOS VENDIENDO «ACCIONES»

Aquí tienes una forma de generar fondos para un viaje misionero y también de reclutar a los adultos para que los apoyen en oración. Durante algún servicio juvenil especial, haz que los miembros de tu grupo demuestren las destrezas que utilizarán en el viaje misionero: canto, impartir lecciones a niños, dar testimonio, etc. Permite que comuniquen también la cantidad de asistencia financiera que requieren para participar en el viaje.

Mientras tanto, en el vestíbulo de la iglesia, monta una exhibición que tu grupo ya hizo de antemano. En la exhibición deberá estar la lista de estudiantes que irán al viaje misionero, sobres con sus nombres e instrucciones para los adultos de la congregación: cada sobre representa una acción de $20 (ajusta la cantidad para que se apropie a tu situación). Por ejemplo, si a Tina todavía le faltan $80, entonces habrá 4 sobres con su nombre. Después del servicio, un adulto podrá «comprar» una de las acciones de Tina al tomar un sobre de la exhibición, colocar un cheque de 20 dólares dentro, y depositarlo en el plato de colectas durante el próximo servicio.

En la exhibición también debe haber un recordatorio de que comprar una acción de uno de los adolescentes compromete a los adultos a ser los compañeros de oración de sus respectivos chicos antes y durante el viaje misionero.

Steve Smoker

UN BAILE NO REALIZADO

¡Es cierto... no puedes celebrar una fiesta a la que las personas no paguen para ir! Así que solo imprime invitaciones formales como la que te mostramos a continuación y

---

El grupo juvenil

solicita el placer de su compañía

en el

Primer Baile No Realizado

a beneficio de nuestro retiro de verano.

El baile no se llevará a cabo

el viernes dos de junio,

en ninguna parte,

a ninguna hora,

así que no asistas.

RSVP. al Grupo Juvenil de la Primera Iglesia

☐ ¡Cuenta conmigo! Aquí está mi contribución por el nuevo traje que no pienso comprar.

☐ No hará falta que visite al barbero o al estilista, así que aquí les dejo la contribución que les hubiera pagado a ellos. Mi inexistente cita para arreglarme el cabello es a las _____ A.M./P.M.

☐ Gracias por la invitación. Será todo un placer no ir para que el ministerio juvenil pueda recibir fondos para ayudarlos con su retiro de verano.

---

distribúyelas en la congregación.

La idea es sencilla: no te presentes, no te vistas, no consigas una niñera, no compres un traje nuevo y no te arregles el cabello. Y como para cualquier baile al que asistan, les pedirás que hagan una donación. ¡Y lo harán!

Tim Falk

CACERÍA DE LO MEJOR Y LO MÁS GRANDE

He aquí la versión de recaudación de fondos para la búsqueda del tesoro. Divide a tu grupo en equipos y entrégale a cada equipo una moneda de un centavo. Establece un tiempo límite, infórmales a los equipos el precio modesto que ganarán los vencedores, y luego comienza la actividad. Cada equipo irá de puerta en puerta por el vecindario y les comunicará a los residentes que son miembros del grupo juvenil de la Primera Iglesia y están recaudando fondos para un evento en particular. Entonces dirán: «¿Puede intercambiarme este centavo por algo más grande y mejor?». Los equipos probablemente recibirán 5, 10 o 25 centavos por el centavo, lo cual intentarán intercambiar en la próxima casa. Esto continuará hasta que el centavo original se convierta en un dólar, y entonces los equipos comenzarán con el centavo de nuevo.

Es sorprendente cuánto puede ganar tu grupo en tan solo una hora. Y hay más ventajas: no se requiere una planificación complicada para esta actividad, tus adolescentes verán el dinero aparecer de inmediato, las donaciones grandes no harán falta y resulta una excelente oportunidad para darse a conocer en su comunidad.

Kerry Glenn

DÍA DE RADIO

Haz una cita con el gerente general de una estación de radio local (cristiana o secular) y solicita autorización de modo que tu grupo de jóvenes pueda vender tiempo para comerciales. Luego transmitan la publicidad al aire durante el día que trabajen como DJs invitados. En realidad, la estación de radio donará el tiempo comercial (y el ingreso derivado de estos comerciales) a tu grupo.

Presta atención a los detalles: Busca un negocio, tal vez una librería cristiana, en el que puedas organizar una transmisión remota por cuatro horas. Cóbrales menos de lo que pediría una estación de radio por la publicidad que recibirán toda la tarde durante la transmisión, por una o dos entrevistas con el propietario del negocio, y por la publicidad previa al evento que les brindará el periódico y los anuncios de servicio público que aparecerán en la televisión.

Las estaciones de radio podrán ofrecerte tiempo gratuito al aire o te cobrarán por hora. Probablemente le permitirán a tus DJs leer los comerciales de los negocios que compraron la publicidad, mientras el DJ real hace sonar la música en la estación de radio.

DÍA DE RADIO DEL GRUPO JUVENIL EN LA WBTC

PROPUESTA DE VENTAS PARA EL DÍA DE RADIO DEL GRUPO JUVENIL DE LA PRIMERA IGLESIA EN WBTC

Para su información, el sábado 20 de octubre de 3:00 P. M. a 7:00 P. M. en WBTC, 670AM

1. ¿Podría hablar, por favor, con _____ (si no conoces el nombre, pregunta por el gerente)?
2. Buenas _____ (tardes o días). Soy _____, del grupo juvenil de la Primera Iglesia. Estamos llevando a cabo un Día de Radio a beneficio de nuestro grupo juvenil durante el mes de julio en radio WBCT. Nosotros seremos los DJs anfitriones por esa tarde y estamos vendiendo tiempo para comerciales a fin de recaudar dinero para nuestro grupo juvenil.
3. Los anuncios están en venta a partir de los $10 por un anuncio de 15 segundos. Nos gustaría que comprara como mínimo 5 para un total de $50.
4. ¿Lo podría anotar para 5 comerciales que serían un total de $50?
5. (Si aceptan) Muchas gracias. Nuestro líder juvenil lo llamará la semana próxima para más detalles. ¿Me podría ofrecer un poco de información sobre su compañía? (Complete el formulario que está más abajo).

Nombre de la compañía: _____
Persona con la que se habló: _____
Mensajero _____   Dueño _____
¿Compró comercial? Sí _____   No _____
Si lo hizo, ¿cuántos comerciales de 15 segundos compró a 10 dólares? _____
Número de teléfono: _____

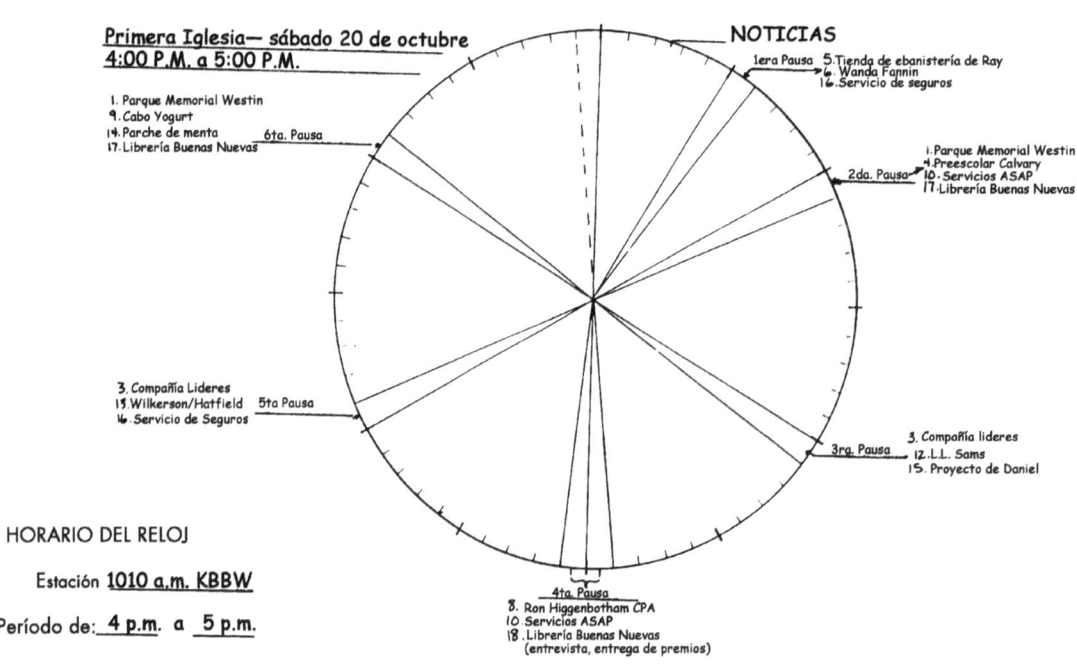

Acerca de la venta de la publicidad: Colecciona los nombres y direcciones de las compañías con las que tu iglesia comercia constantemente, así como de los negocios de pro-pietarios cristianos y miembros de la iglesia. Divide la lista entre tus jóvenes, escribe un guión como el del ejemplo provisto que puedan seguir a medida que hablan con los pro-pietarios y les venden el tiempo de comerciales. Lleva a estos adolescentes de telemercadeo a almorzar el último día de las ventas. Los auspiciadores o trabajadores juveniles del grupo harán llamadas de seguimiento a cada negocio que compró tiempo al aire y así corroborarán toda la información, en especial el anuncio que la compañía quiere presentar al aire. Si alguna compañía no provee su anuncio por escrito, un estudiante creativo y tú tendrán que escribirlo.

Obtén un reloj registrador (fíjate en el diagrama) del director de programa de la estación y numera tus comerciales con el número correspondiente en el momento que se tengan que leer. Organiza a tus estudiantes DJs por turnos, rotándolos cada una hora o dos.

Una semana antes de la emisión, informa a las estaciones de televisión y los periódicos sobre lo que estás haciendo. Con frecuencia siempre estarán contentos de presentarse, filmar o tomar algunas fotografías, y hacer un anuncio de servicio público o alguna reseña. *Rick Bowles*

DIRECTORIO DE LAS PÁGINAS AMARILLAS

Tu grupo puede recaudar dinero al publicar sus propias páginas amarillas para venderlas a los miembros de su iglesia. Vende anuncios individuales de negocios en el directorio por unos cinco a diez dólares cada uno a los comerciantes locales y profesionales, en especial a aquellos que sean miembros de la iglesia. Los jóvenes también pueden incluir sus propios anuncios para realizar trabajos como podar el césped y cuidar los niños, entre otras labores.

Intenta compilar todo en un archivo digital para que sea más sencillo actualizarlo en un futuro. Crea categorías de negocios y ordena en orden alfabético los nombres de los negocios específicos dentro de cada categoría. Deja que los chicos hagan este trabajo con la supervisión de un adulto. Puedes cobrar una tarifa adicional por ofrecerle a los negocios la oportunidad de llamar más la atención a sus anuncios mediante una letra más grande, más oscura o de algún otro modo. Los directorios pueden venderse por un dólar o más a los miembros de la iglesia a fin de proveerles un servicio útil y al mismo tiempo aumentar los fondos para tu programa.

Rosalind Rodes

RECICLAJE PERPETUO

¿Vives en un estado o una ciudad donde las botellas y las latas tienen un valor de reciclaje? Entonces comienza una recaudación de fondos continua que te ofrezca más tiempo para ministrar a los chicos.

Coloca una caja de cartón (como una gran caja de aparatos electrodomésticos) o contrachapado en alguna parte de la iglesia y decórala con papel para envolturas. Anúnciale a la congregación que el grupo de jóvenes comenzará una recaudación de fondos continua colecciónando botellas y latas de aluminio. Asegúrate de dejarle saber a los feligreses dónde es que está ubicada exactamente la caja.

Cuando estés listo para llevar las botellas y latas al centro de reciclaje, invita a uno o dos de los chicos para que te acompañe. *Bill Kingsley*

30 PIEZAS DE PLATA

Durante la época de la Pascua, hacer que todos traigan una bolsa plástica para emparedados con 30 piezas de plata dentro puede ser una manera efectiva de recibir una ofrenda especial de tu grupo juvenil para algún proyecto valioso. Cualquier tipo de moneda se admite, siempre y cuando sea de plata. *Jim Scott*

RECAUDACIÓN DE FONDOS A LA HORA DEL TÉ

Muchas veces la gente se cansan de la venta de boletos de los grupos juveniles, los banquetes para la recaudación de fondos, los lavados de autos y las ventas de repostería. Así que aquí te ofrecemos un método diferente: Envíale una carta por correo a cada miembro que diga: «Sabemos que estás cansado de las recaudaciones de fondos y las ofrendas... así que siéntate, quítate los zapatos, relájate, y tómate un té a nombre nuestro». Coloca en cada uno de los sobres una bolsita de té. También coméntale al miembro de tu iglesia: «Mientras te relajas, nos gustaría que pensaras en tu grupo juvenil y que consideres ayudarlos con su proyecto especial... (etcétera)». Solicita de modo casual una donación, pero hazlo de la manera más delicada posible. Un grupo recaudó $800 con este método y recibió muy buenas críticas. *Patsy Quested*

LA CAMPAÑA DEL CENTAVO

La campaña del centavo es un evento de recaudación que fomenta una participación máxima tanto de tu grupo como de tu congregación, y la recompensa en realidad vale la pena. Se puede recaudar mucho dinero y muchos proyectos valiosos se pueden llevar a cabo con tan solo centavos.

Consigue que tu grupo juvenil establezca una fecha y dirija la promoción solamente a la congregación. El proyecto debe ser un evento de todo un día que comience a las 9:00 A.M. y termine a las 5:00 P.M. Escoge el proyecto misionero para el que se recaudará el dinero y luego desarrolla temas y una publicidad que resulten llamativos para todos los miembros de la iglesia (por ejemplo, Molinos de Viento para Etiopía o Kilovatios para Katpadi).

A las personas se les notificará por adelantado que los centavos se llevarán a la iglesia únicamente el día establecido. Cuando las personas lleven sus centavos, tu grupo juvenil debe estar allí para recogerlos y colocarlos en una gran imagen de cartulina blanca, la cual estará situada sobre el piso. A medida que los centavos se colocan en la imagen, un diseño tipo mosaico comenzará a desarrollarse. La gente irá y vendrá durante todo el día para ver cómo el diseño va progresando.

Ten centavos disponibles por si las personas llegan con cheques o billetes. Solo tienes que ir al banco para que te suplan. Una vez que este evento se convierta en una tradición, la gente comenzará a ahorrar centavos durante todo el año anticipando la campaña del centavo. *Dick Vriesman*

CALENDARIO MENSUAL DE PAGO

Motiva a tus adolescentes a que sean dadores alegres. Imprime un calendario que tenga un espacio para cada día del mes. En cada espacio escribe una orden que determinará cuánto dinero deben dar ese día. La orden precisará ser divertida y la cantidad dada variará de un día a otro. Cuando el mes esté por terminar, los chicos traerán el dinero que deben. En ese momento puedes ofrecer premios para el que tuvo que pagar la mayor cantidad de dinero, el que pagó menos y el día más costoso del año.

Una variación de este método podría ser imprimir las instrucciones de cada día en una hoja de papel individual, luego doblarlas y engraparlas para que se mantengan selladas hasta el final del día. La orden puede ser una multa por algo que hicieron o no. Por ejemplo, podría decir: «Paga 5 centavos por cada clase a la que llegaste tarde hoy» o «Paga 25 centavos si olvidaste lavarte los dientes».

Concede espacio en el calendario donde los niños puedan anotar cuánto deben por cada día. Luego solo tienen que sumarlo todo a fin de mes. Puede que quieras añadir un espacio adicional para que ellos donen la cantidad que deseen. Este método brinda algo de diversión y le ofrece variedad al concepto de dar. *Dallas Elder*

Domingo	Lunes	Martes	Miércoles	Jueves	Viernes	Sábado
		1 1¢ Por cada par de zapatos y tenis que posees.	**2** 3¢ Si desobedeciste a tus papás.	**3** 5¢ Si olvidaste usar desodorante hoy.	**4** 4¢ Si tienes ojos azules	**5** 10¢ Si no limpiaste y organizaste tu cuarto.
6 15¢ Si no fuiste hoy a la iglesia.	**7** 5¢ Si te lavaste el cabello hoy.	**8** 1¢ Por cada conversación telefónica que tuviste.	**9** 5¢ Si te levantaste antes de las 7 A.M.	**10** 3¢ Si usaste hoy algún tipo de jeans.	**11** 1¢ Por cada soda que tomaste.	**12** 2¢ Por cada hora de sueño que tuviste anoche.
13 1¢ Por cada kilómetro que vives lejos de tu iglesia..	**14** 2¢ Si tienes rota tu media.	**15** 5¢ Si no hiciste tus asignaciones.	**16** 2¢ Si tienes licencia para conducir un auto.	**17** 4¢ Si tienes ojos de color marrón.	**18** 1¢ Por cada letra de tu apellido.	**19** 10¢ Si te afeitaste cualquier cosa hoy.
20 5¢ Si usaste alguna ropa de color azul.	**21** 5¢ Por cada examen que tuviste.	**22** 1¢ Por cada clase que tuviste hoy.	**23** 50¢ Si no fuiste hoy al coro de los adolescentes.	**24** 10¢ Si no desayunaste hoy en tu casa.	**25** 3¢ Por cada vez que dejaste de recoger tu cama esta semana.	**26** 20¢ Si no donaste nada de dinero ayer.
27 10¢ Si tienes un par de Nikes.	**28** 3¢ Por cada par de guantes que posees.	**29** 3¢ Si no leíste la Biblia hoy.	**30** 10¢ Porque hoy es el penúltimo día de paga.	**31** 15¢ Si usaste algo de color rojo.		

 presenta

LAS MÁS VARIADA Y COMPLETA COLECCIÓN DE IDEAS PARA REFRESCAR TU MINISTERIO

BIBLIA PARA EL LÍDER DE JÓVENES
Nueva Versión Internacional

Nos agradaría recibir noticias suyas.
Por favor, envíe sus comentarios sobre este libro
a la dirección que aparece a continuación.
Muchas gracias.

Vida@zondervan.com
www.editorialvida.com

www.ingramcontent.com/pod-product-compliance
Lightning Source LLC
LaVergne TN
LVHW061312060426
835507LV00019B/2113

9780829755459